U0449638

最是人间烟火气

汉朝人的意趣生活

杨柳 著

团结出版社

© 团结出版社，2024 年

图书在版编目（CIP）数据

最是人间烟火气：汉朝人的意趣生活 / 杨柳著．
北京：团结出版社，2025.2. -- ISBN 978-7-5234
-1251-0

Ⅰ.K234.09

中国国家版本馆 CIP 数据核字第 2024SB5215 号

责任编辑：尹　欣
封面设计：谭　浩

出　　版：团结出版社
　　　　　（北京市东城区东皇城根南街 84 号 邮编：100006）
电　　话：（010）65228880　65244790（出版社）
　　　　　（010）65238766　85113874　65133603（发行部）
　　　　　（010）65133603（邮购）
网　　址：http://www.tjpress.com
E-mail：zb65244790@vip.163.com
　　　　　tjcbsfxb@163.com（发行部邮购）
经　　销：全国新华书店
印　　装：三河市东方印刷有限公司

开　本：160mm×230mm　16 开
印　张：15.5　　　　　　　　　　　字　数：163 千字
版　次：2025 年 2 月 第 1 版　　　　印　次：2025 年 2 月 第 1 次印刷

书　号：978-7-5234-1251-0
定　价：56.00 元
　　　　（版权所属，盗版必究）

前言

浓墨重彩的夏天，乘着丝丝凉风即将逝去，关于汉代的故事，也将暂告一段落。幸好，记录本身可以弥补世间万物兴衰更替的缺憾，即便这种弥补无关痛痒。我们能悄悄嗅到空气中似曾相识的味道，像是珍藏多年的花酿或是邻居家的一抹饭香，辗转轮回，依旧能唤起沉睡的芬芳。

对于有着四百多年历史的汉朝，值得陈述的往事太多了，而我能捕捉到的，幸许是丹青夕阳过后漫步的几个人，幸许是道听途说过后的世态炎凉，幸许是如歌笑声瑟瑟驰过的瘢痕……面对诸多可能，唯一可以笃定的是，那些历史沙河中貌不惊人的沙砾，每一粒都有一段属于自己的沧海月明，有着不可复制和描摹的过往。他们是名不见经传的小人物，却同你我一样，有着自己的喜怒哀乐，都曾真实地为了每个漂亮的日出，不遗余力地默默耕耘。固然，他们中大多数都没能成为闪光灯下的焦点，带风驰骋、披坚执锐，被粉丝们争相朝拜和追从，但日积月贮，他们还原了历史的本来面目。

多年以后，物是人非，在这个灿烂的星球上，人人都可以美丽绽放！可以通过网络轻而易举地了解到，那些陌生、有趣、搞怪的网友们的生活，每个普通人的衣食住行、言论心声像是生长在显微镜下的树木，哪怕只是一个小小的细节，都可以通过网络这个大平台透明化：无论是你的委屈与哀怨，还是他的快乐与梦想，大至国家大事，小至无人认领、流浪街头的小猫、小狗，皆可受到人们的关注、收藏、转发、点赞……

将时光轴拉回汉朝，那里的人们悄然生长、默然凋零，虽隐匿已久，却无一例外，同样需要一个诉诸衷肠的机会——给每个生命同样的尊严和价值，恰是本书的初衷。

在这个大数据时代，分分钟便可走马观花地洞察宇宙万千，感谢每位读者能够静下心来，谛听遥远的声音。倘若可以穿越时空，我想他们并不介意站在太阳底下，陈述旧时光的飞短流长。他们不是我们生命中的过客，他们是我们失散多年的故友和亲人，发生在他们身上的所有故事，不是可望不可即的神话，而是友人的窃窃私语。

杨柳

2021 年 8 月

E-mail：502873252@qq.com

目录

青春都一饷：太学   001

- 这里的大学卷九年   002
- 太学 = 成均 / 上庠 / 大学   003
- 规模惊人的"太学城"   006
- 兰台漆书：任性的答案   009
- 刻在大门口的教材   009
- 贵族学校   010
- 民办学校："精舍" / "精庐"   012
- 太学其实是工具   013
- 博士：五经的代言人   014
- 教学方法：代课成风   017
- 隔音效果差引发的"诽谤事件"   018
- 此宦官非彼宦官   019
- 宦官作为中介的鸿都门学   020
- 教师节：经师们的节日   021
- 太学的师资队伍   022

- 皇家尊师风尚 023
- 公务员考试 024

忍把浮名，换了浅斟低唱：为官 027

- 父母官 028
- 官员工资：俸和禄 029
- 年终奖 030
- 贵族的格调 031
- 选官方案：察举征辟制——举孝廉、举察廉 033
- 自费买官 039
- 沐浴 040
- 文吏系列 042
- 退休 048

醉卧沙场君莫笑：将军 051

- 邓禹：开挂的人生不需要解释 052
- 李广：我离成功只差一点儿阴德 055
- 韩信：要命的"天真" 059
- 赵充国：打仗也别耽误干活儿 064
- 马援：边塞不是人待的地儿 067
- 周亚夫：我有印，我怕谁？ 069

妙手回春丹青手：医生　　　*072*

- 医闹事件　　　073
- 病历　　　074
- 药酒　　　076
- 女中扁鹊——义姁　　　077
- 违法的医生：淳于衍　　　078
- 张仲景：我说的都是实话　　　080
- 坐堂先生　　　084
- 健身达人：华佗　　　085
- 预知生死　　　086
- 曹操最后悔的事　　　088
- 郭玉：与贵族相冲的名医　　　089
- 医官　　　091

西湖美景三月天：神仙　　　*093*

- 成仙秘法　　　095
- 张道陵：人品是升仙的底气　　　096
- 入学的考验：折磨八次，受用终生　　　099
- "急急如律令"　　　101
- 走失的修羊　　　101
- 淮南王：助我成仙的八位老者　　　102

- 盗版的方士 107
- 泰山老父：一枕成仙 109
- 太上皇的宝剑 109

零落成泥碾作尘：奴婢 112

- 奴婢的人生：宁为奴，不为民 113
- 官属奴婢的来源 115
- 当个百姓不容易！ 117
- 窦少君：被拐卖的国舅爷 119
- 奴隶的工作内容！ 121
- "幼孤"的境遇 122
- "僮儿""僮子""小僮" 124
- 绝望中的生机：守陵 126
- 人间理想：成为庶人 127
- "臣" 129
- "妾" 129
- 董永卖身葬父 130

同是天涯沦落人：女妓 133

- 妓院的雏形：女闾 134
- 田倩：我的丈夫是管仲 136
- "鸨"是什么东西？ 137

- "老鸨"如何变成妓院老板娘　　139
- 歌姬跃龙门：赵飞燕、卫子夫　　141
- 营妓　　144
- 青楼　　146
- 歌妓往事　　147
- 盲妓　　149
- 花费清单　　150

闲敲棋子落灯花：灯　　*151*

- 烛火和蜡烛　　152
- 蜡烛始于汉朝　　153
- 从豆到灯　　155
- 玄学价值观的投影　　155
- 宫灯　　156
- 现实愈骨感，理想愈丰满　　157
- 多枝灯　　160
- 四处流浪的长信宫灯　　162
- 雁的意象　　163
- 贵族的嫁妆：雁足灯　　164
- 彩绘雁鱼釭灯　　166
- 青铜器制造大国：楚国　　167
- 运斤成风　　169
- 楚人的创新　　170

- 元宵节　　　　　　　　　　　171
- 供灯的功德　　　　　　　　172
- 贫女供灯　　　　　　　　　173

柴门闻犬吠：狗　　　　　　*175*

- 文绉绉的狗　　　　　　　　176
- 狗屠夫：樊哙　　　　　　　179
- 狗屠夫：高渐离　　　　　　181
- 天狗　　　　　　　　　　　182
- 斗犬　　　　　　　　　　　182
- "狗拿耗子"的原因　　　　　184
- 狗戴帽　　　　　　　　　　184
- 加班狗　　　　　　　　　　186
- 狗话　　　　　　　　　　　187
- 相狗　　　　　　　　　　　189
- 刍狗　　　　　　　　　　　191

脱胎玉质独一品：玉　　　　*193*

- 和田玉　　　　　　　　　　194
- 蓝田玉　　　　　　　　　　197
- 玉衣　　　　　　　　　　　198
- 金声玉振　　　　　　　　　199

- 璧　　　　　　　　　　　　　　　202
- 诗词中的玉　　　　　　　　　　203
- 玉琀　　　　　　　　　　　　　205
- 刚卯、严卯　　　　　　　　　　206
- 玉镯　　　　　　　　　　　　　208
- 司南玉佩　　　　　　　　　　　209
- 龙凤玉佩、玉螭纹、虎佩　　　　210
- 玉佩　　　　　　　　　　　　　212
- 玉兔　　　　　　　　　　　　　213
- 玉府　　　　　　　　　　　　　214
- 祭祀之玉　　　　　　　　　　　215

昭阳舞人恩正深：舞　　　　　　　*217*

- 干舞　　　　　　　　　　　　　218
- 巴渝舞　　　　　　　　　　　　219
- 盘舞　　　　　　　　　　　　　219
- 《鱼龙曼延》　　　　　　　　　220
- 《巾舞》　　　　　　　　　　　222
- 宴饮中的舞乐　　　　　　　　　223
- 军队中的舞乐　　　　　　　　　224
- 《西京赋》　　　　　　　　　　226
- 升级版的楚舞　　　　　　　　　227
- 楚舞中的巫文化　　　　　　　　228

- 翘袖折腰，只此青绿　　　　　　　229
- 妙丽善舞——李夫人　　　　　　　231
- 轻盈飘逸——赵飞燕　　　　　　　232
- 命薄如纸——王翁须　　　　　　　233

青春都一饷：太学

"太学"一词在先秦就已经出现，然而直到董仲舒建议设立太学、培养人才，古代第一所大学才建立，"臣愿陛下兴太学，置明师，以养天下之士，数考问以尽其材，则英俊宜可得矣"。（《汉书·董仲舒传》）大学里的学生名曰"太学生"，"太学"之外，东汉后期宦官专权，相当于今天地方院校的"郡国学"相继出现，同时在都城洛阳鸿都门附近设立了"鸿都门学"等高校。

起初，"庠""序""校"为小学，"学"为大学。小学即"乡学"，大学即"国学"。"设为庠、序、学、校以教之。庠者，养也；校者，教也；序者，射也。夏曰校，殷曰序，周曰庠，学则三代共之，皆所以明人伦也。"（《孟子·滕文公上》）当青壮年出外渔猎、劳作之时，老人负责在"庠"看管粮食、教育儿童，随着社会的不断进步和发展，小学的规模扩大，成了专门的教育场所。"有虞氏养国老于上庠，养庶老于下庠；夏后氏养国老于东序，养庶老于西序；殷人养国老于右学，养庶老于左学。"（《礼记·王制》）

● 这里的大学卷九年

西周时期，入学者根据身份和年龄入学，秉承"学而优则仕"的理念，学子逐层从小学到大学进阶学习，每年十月秋收之后，小学和大学陆续开学。8岁上小学，15岁上大学，学校的规模也是因人口数量而异：二十五家设立塾，一党设立庠（五百家为党），一遂设立序（一万两千五百家为遂），一国设立大学。这些学校，每年都有新生入学，每隔一年考核学业。入学第一学年，考查学生"读经断句"基本功及学习志趣；第三年考查学生是否勤学和友爱；第五年考查学生是否博学和礼貌；第七年考查学生讨论学业是非和识别朋友的能力。如果能做到这些，称之为"小成"。第九年考查学生学识精练与否，尊师重道又有主见者，称之为"大成"。学业大成后才能移风易俗，人心所向，这就是大学教育的宗旨，也是寒窗苦熬九载的学子们努力的目标。

大学开学时，士子穿皮衣、戴皮帽，用藻菜祭祀先圣、先师。学校为学生提供了丰富的启蒙读物，包括《诗经》中《鹿鸣》《四牡》《皇皇者华》三首诗。在无数个黎明和黄昏，这三首诗不断在耳畔重播、循环，学生们烂熟于心，奉若信仰。诗在梦就在，入仕便是真爱。教师授课时，先击鼓鸣学（相当于现在的预备铃声），后开箱取书。大学的教育方法：提前遏制学生不理性的欲求；选择有利的时机和方法加以指导；循序渐进地如法教育；学生借鉴学习他人优点。

● 太学 = 成均 / 上庠 / 大学

上古的大学，又叫"成均""上庠"，建立在王城的西郊。不同的朝代，大学叫法不一：在夏为"东序"，在殷为"右学"，在周为"东胶"。周朝又曾设五大学：东为"东序"，西为"瞽宗"，南为"成均"，北为"上庠"，中为"辟雍"。到了汉代，在京师设太学，为中央官学、最高学府，太学祭酒兼掌全国教育行政。

太学之名始于西周，《大戴礼记·保傅》记载："帝入太学，承师问道。"西周时期的太学是周天子"承师问道"的场所，具有政教合一、学在官府的特点。

汉代太学在继承西周太学办学传统的基础上，结合汉代政治、经济、文化等情况做出了重大调整，为古代学校的样板。太学创设于汉武帝元朔五年（公元前124年），此后，国家有了培养统治人才的正式官立大学。

汉代太学是适应"文景之治"的政治、经济发展需要而产生的。好不容易得到的江山，皇帝一个人管理起来有点儿难度，就想找人一起管理。汉武帝时期名曰"推恩法"，也就是为了生存，分给各诸侯一些土地，但不给他们权力，由皇帝本人掌控实权，分配管理人员。

然而，分配什么样的管理人员，对当时人才贫瘠的社会来说是一大难题，两位治《春秋》的儒家学者——董仲舒和公孙弘帮着出了主意。董仲舒在《贤良对策》阐述了"养士"的理念，建议汉武帝兴建太学、培养人才，有助于提高管理人员的素质。汉武帝采纳了董仲舒的建议，并责成丞相、太常等协助。元朔五年（公元前124年），公孙弘拟订了创办太学的具体方案，汉武帝点头同意。太学的坐标地点一般是根据首都的位置确定的，很快小太学的雏形在长安落成了，此时只有几位经学博士和50名博士弟子。汉昭帝时，太学人数增至100人，到汉宣帝时增至200人。西汉后期，"元帝好儒，能通一经者皆复。数年，以用度不足，更为设员千人"。

到汉平帝时，王莽执政，扩建太学，仅为太学修建校舍就达万区。东汉光武帝与明帝时期，社会治安良好，没有什么冲突发生，所以太学发展还算稳定。建武五年（29年），刘秀在洛阳重建太学，盛况空前。

汉明帝时，又建成了明堂、辟雍、灵台（即"三雍"），明帝亲临行礼，以示尊师重道之意。明帝本人崇儒好学，他精通《春秋》和《尚书》，永平二年（59年）亲临太学讲经论道，皇帝亲自来此讲座产生了良好的吸睛效应，大家纷纷过来凑热闹，能不能听到或者听懂不重要，满足看一看皇帝长什么样、穿什么衣服的好奇心才是重点。

明堂象征周代礼制，周之后逐渐被淡忘，而汉儒认为明堂象征了天威神权，遂王莽急于建明堂，证实自己上古圣王合法继承者的身份。明堂是权力永恒的象征，并被看成是天与人联系的场所。

《礼记·明堂位》中特别提到鲁国明堂的祭祀功能，明堂属于"别尊卑"的场地，是贯彻朝觐、教学等各种礼仪的场所。

公元前1046年，周武王终于推翻商朝，建立了西周，以血统为基础分封土地官衔为主，以功绩重大的异姓贵族为辅，在周武王金字塔般错落有序的政治策略下，周朝只七年的时间便得以昌宁。"周公摄政，一年救乱，二年克殷，三年践奄，四年建侯卫，五年营成周，六年制礼乐，七年致政成王。"（《尚书大传》）

周公之所以能在短短七年时间内改革成功，源于周公礼乐制度，严格区分上下尊卑，维护分封制形成的等级制度，适应统治的需要。《礼记·祭统》记载："夫祭有十伦焉：见事鬼神之道焉，见君臣之义焉，见父子之伦焉，见贵贱之等焉，见亲疏之杀焉，见爵赏之施焉，见夫妇之别焉，见政事之均焉，见长幼之序焉，见上下之际焉。此之谓十伦。"

祭祀、教学，教授孝、德、仁等，都是在向人传播和强化等级制度和观念。东汉时，明堂内的祭祀对象不再只是周公，而是涵盖更广，扩充为黄帝、太昊、炎帝、少昊和颛顼，目的是为说明，无论任何一个朝代，只要身居皇位，就有与生俱来的优越性。当太学不只是一个文化递阶的学习和发展出口时，在君主的渲染和提倡下，太学涂上了更多的梦幻色彩。

永平十五年（72年），汉明帝去大学参观，这大大提高了汉代人文教育的宣传力度。就连全国最偏僻的地区——北方匈奴族都知道皇帝亲临大学城，他们深感京城是个神奇的地方，遂遣子弟来京师太学读书。

汉章帝至汉安帝期间是太学的低谷期，博士们虽博闻强识，但为了躲避政治的喧嚣，选择闭口不言，或者直接鞠躬田园、牧羊劈柴，以度余年。汉质帝时，梁太后临朝，她极力推崇儒学，太学生增至30000人，大学教育再次复苏。

● 规模惊人的"太学城"

西周的大学设立在王城南郊，是供皇家子弟学习"六艺"的场所，称为"辟雍"。由诸侯设立在首都的叫"泮宫"，为了激发贵族子弟习射、习御。西周的大学集学习与娱乐为一体，是学校、会议室、俱乐部、运动场，也可作为行礼、集会、聚餐、练武、奏乐场所。

战国时期，在齐国的都城临淄（今山东淄博），由官方创办了高等学府，当时齐国都城南门叫"稷门"，所以学宫称"稷下学宫"。荀子是稷下学宫的最后一位大师，曾经三为祭酒（大学校长）。

公元前124年，中国历史上第一所全日制大学在西汉京城长安创建。太学按儒家经典分门设置，任课教师统称为"博士"，学子称为"博士弟子"，后来简称"太学生"或"诸生"。最初太学为一年制，期终考试时一门经典（如《梁丘易》）达到"能通一艺"的水平，可授予"文学掌故"的学位；再通过一门经典（如《公羊传》）就是双学位，可授"郎中"。一个学位也没得到，就相当于没有毕业，不能做官，但可以留校重修。当然，成功毕业的同学为了拿到更多的学位，会选择弃权赴仕，继续学习。"通三艺"就会得到三个学位，可以直接授"太子舍人"，虽然只是皇帝身旁的特殊侍从，但在皇帝做重大决定时，他拥有特别的话语权。

读书做官的门路一开，上流人士纷纷将子弟送进太学。为满足学员的需求，太学一再扩招，学校规模也不断扩大。西汉后期，政府为太学生建造了能容纳万人的校舍，成为当时世界上占地面积最大的"大学城"。126年，学校建筑达到房240栋、室1850间的规模，可容纳30000左右生源。

汉代太学的学生，西汉称之为"博士弟子"或"弟子"，东汉称之为"诸生"或"太学生"。太学生的来源较为复杂，可由太常补送、郡国荐举，也可经考试选拔，还可由"父任"升入太学。太学生生源有二：一是由太常在京师和地方直接挑选。选拔条件是"年十八以上，仪状端正者，补博士弟子"。二是由郡国道邑等地方举送，其条件是"好文学，敬长上，肃政教，出入不悖"。汉代太学招生，没有严格的年龄限制，公孙弘拟定的方案中虽有18岁入学的规定，但实际上汉代太学生既有60岁以上的白首翁，也有12岁闻名的"任圣童"。

任圣童，本名任延，生于西汉末年，因天资卓越，12岁就成为太学生，通晓《诗经》《易经》和《春秋》，同学们都叫他"任圣童"。19岁时，任延被更始帝任命为会稽都尉。后来更始帝刘玄政权被摧毁，刘秀登极称帝，任延上书辞职，光武帝刘秀却亲自召见他，并封他为九真郡太守，赏赐马匹和丝织品。

九真郡位于今越南中部，是汉武帝灭南越国后所置九郡之一，有瘴气，地远人稀。当地百姓靠打猎为生，他们没有耕种的土地，也没想过开垦土地，粮食也要去邻郡交趾购买，又因为没有多少钱，所以粮食就成了奢侈品。面对这种穷困的情况，任延下令制造农具，教百姓垦荒种地，几年下来百姓们基本实现了自给自足的生活。当时九真郡外的夜郎等蛮夷部落也想与九郡建立友好的邦交，他们表示愿意带兵守护边关，因此那些常年驻守边关的士卒们得以回到故土。后任延应诏回洛阳任武威郡太守，赴任之前，光武帝亲自召见他，告诫他要好好俸奉上级长官，任延正色直言要做好臣子的本分，一心为国，而不是上下雷同、沆瀣一气。最后光武帝也不得不承认"卿所言极是"。

除了保送入学的"官二代"和各级地方政府选送的生源外，还有由太常选送的太学生为正式生，享有俸禄。在"大学城"住读或走读的诸生，有带俸进修的在职官吏，有自费读书的平民子弟，还有蚁居在大都市与"北漂族"一样的有志青年。

家境贫寒无力支付学费的太学生可以半工半读。例如，倪宽、匡衡、翟方进、公沙穆等，他们都是靠自己或家人做佣工来支付学习费用的。倪宽靠学习之余为同学烧饭自给；翟方进家贫无资，母亲到长安陪读，靠织布、做鞋挣钱供他上学。无论是正式生，还是非正式生，均享受免除赋税、免除徭役的待遇。

汉代太学生毕业后的出路各有不同，有的学成而为"卿相"，有的任官为"吏"，有的授徒讲学为"师"，也有学无所成白首空归的。在汉代，除大将军、大官僚的子弟可以不凭借太学的资格入仕外，一般官员及平民子弟入仕的主要途径就是入读太学。

汉代统治者设立太学的根本目的是在提高官吏素质的同时巩固统治，为达到这一目的，汉代太学实行了养士与选才相结合的管理措施。与此同时，又改革了文官补官与晋级的规定，将太学生的考试成绩直接与仕途挂钩，太学会定期举行考试，随时选拔优秀人才。

● 兰台漆书：任性的答案

一份当时官方的内部报告说：现在太学里的教学，全无师承，不依章句，大家各照自己的意志解说，穿凿附会。每逢考试，必起诤讼，议论纷纷，相互指责。受这种不良风气的影响，章句之学逐渐荒疏，无论教授还是学生，"多以浮华相尚"。（《后汉书·儒林列传》）

将当时官方认可的标准版本的经典教材，用漆书写在简牍上，藏于中央档案馆所在的兰台，被称为"兰台漆书"。太学生期末考试后，及第者可以拿学位、授官职。但博士教学或弟子手中有的经书与标准版本在文字上或有出入，于是有人便以钱财买通兰台书吏，篡改漆书，使漆书与他们的文本相符合。

在应对考试时，学生们不乏产生类似试卷泄密或贿赂阅卷教师等荒唐念头，实属为了获得学位绞尽脑汁想出的办法。

● 刻在大门口的教材

太学只允许传授今文经学，古文经学则被拒之门外。太学的老师均为今文经学大师，他们所传授的专经，就是太学设置的专业学科。汉宣帝时期，曾专门召集太学博士和名儒在石渠阁论经；汉章帝时期，又专门召集太学博士和名儒学者在白虎观开会，讨论"五经"达数月之久，汉章帝亲自奉陪。会后，班固奉天子之命，将白虎观会议上各家的见解，编撰成具有法典意义的《白虎通》。

太学需要统一教材的原因也在于，很多考生用银子贿赂考官，请他们网开一面，允许答案多元化。这样一来，标准答案就失去了意义。有人将这件事告到了汉灵帝那里，灵帝便命令蔡邕等人统一注释版本，《今文五经》《春秋公羊传》《论语》的版本确定后，朝廷便找石匠用古文、篆、隶三种字体将《诗》《书》《礼》《易》《春秋》《论语》等经典刻于洛阳太学门外的石碑上，石碑共计46块，均立于太学大门口。又因刻于熹平四年（175年），而被称为"熹平石经"——这便是大学的统一教材，是我国古代由政府统一颁布的第一套标准教材，也是第一部公之于世的官定经书。此举开启了政府对太学精神文化上垄断的序幕，也意味着随着东汉政权的衰落，政府试图更加赤裸裸地规划和导引人才的思想。

熹平石经刊刻之后，"四书五经"的官方思想文化不胫而走，总有人赶着大车小车前来瞻仰、复制，"及碑始立，其观视及摹写者，车乘日千余辆，填塞街陌"。（《后汉书·蔡邕列传》）虽然官方文化思想以迅雷不及掩耳之势普及开来，但一些负面作用也随之而来。以前学生还可以各抒己见，发挥无穷的想象力，但是当答案被固定下来后，人们只管摇头晃脑地背诵经典，不需要思考现实生活同经典的矛盾，少了些批判精神，更多的是死记硬背。因此，要想培养多元化的人才，亟须更多有新意的太学。

● 贵族学校

东汉有一种官学，即"宫邸学"，始设于汉明帝永平九年（66年），这是专为皇室及贵族子弟创办的学校。同时，因外戚势力的极度膨胀，朝廷在南宫建校舍，面向外戚樊氏、郭氏、阴氏、马氏四个大姓子弟招生，置五经师，聘请名儒讲学。由于这四姓不是列侯，故称"四姓小侯学"。后来扩招，凡贵族子弟，不论姓氏，皆可入学受业。学校的产生有着鲜明的政治背景，主办人在朝廷的权势情况影响着学校的兴衰，这类高校并不能成为典型，因此一般讲东汉官学，主要是指太学和鸿都门学以及数量众多的地方郡国学校。与太学相比较，地方学校的课程则随意得多，往往根据兴办者的好尚安排，但万变不离其宗，都是以儒家礼乐教育为中心，以为国家培养管理人才为宗旨。

"邸"起源于春秋战国时期，是国家投资创建的供宾客、官员食宿的馆舍。先秦时期，邸仅为普通单一的客舍，没有完善的管理设施。汉代的邸有国邸（诸侯邸）、郡邸、县邸、蛮夷邸，专门设置郡邸长、丞、守邸人员等官吏，来管理京城的郡邸。西汉时期，国邸属于诸侯王所有，郡邸属于国家所有；东汉时期，郡邸属于国家所有；东汉后期，郡邸脱离了国家的束缚，可以自行买卖。后来，"邸"具有议办国家政事、监禁犯人等作用。

"邸第"并列称呼，泛指王侯、官僚的高档住宅，为诸侯王、列侯、郡、县、蛮夷在京城或郡县的馆舍。"第"重在等级层次，甲第居首，乙第次之。

诸侯邸是朝廷允许各诸侯王在京师建造的住宅，因封国的需要，而分别命名，如齐邸、赵邸、楚邸等。郡邸是为郡一级官吏提供的办公与食宿场所，县邸是各县府治所在地的衙门，主要是为县一级官吏提供的办公与食宿场所。汉代法律规定，允许诸侯各自在京师建造住宅，为接待周边少数民族和国外来宾而建造诸侯王邸；为招降单于，汉廷专门为他们在长安修建蛮夷邸。

● 民办学校："精舍"/"精庐"

据《文献通考》统计，东汉时全国官员的编制总数是7567人，但实际上，有超过30000名太学生都想当"公务员"，想在僧多粥少的职场出人头地，就得继续提高自己的竞争力。许多人离开太学后，选择"精舍"或"精庐"等私立学院继续深造，精舍就是"学舍"，在汉代"精舍""精庐"都是精研学术的处所，"咸往东海，立精舍讲授"。（《后汉书·包咸传》）

东汉的私学教育照官学有过之而无不及，无论是学校数量，还是学生人数，都大大超过了官学。私学一般分为两个阶段：第一阶段是蒙学，称之为"书馆"，学习字书等基本常识，目的是识字；第二阶段是学习儒家经典，学习的主要教材是《论语》和《孝经》。这一阶段结束后，既可以入仕为吏、谋求职业，也可入太学深造，或投经师设立的"精舍""精庐"等学校专攻一经或数经。

主持这些私立学院的人，都是王充、陈寔、马融、杨震等一流的经学大师，很多在职官员也以名列大师门墙为荣。私立学院虽有名牌效应，但硬件设施毕竟不能与官立学院相比，于是善于走产业化办学道路的私立学院便另创一种教学模式：所有报名的学生分为"及门受教"和"著录弟子"两类。

"及门受教"的弟子住校读书，招收人数多，但无缘大师亲自授课，往往由其弟子辗转传授。马融讲学派头很大，"常坐高堂，施绛纱帐。前授生徒，后列女乐，弟子以次相传，鲜有入其室者"。(《后汉书·马融传》)那时候，大师级别的授课现场更像舞台演出，马融坐于张挂绛色纱帐的高堂之上，堂前是听课的学生，幕后有女子十二乐坊伴奏。能挤进现场亲临受教的机会是非常难得的，许多学生"及门受教"多年，相当于硕博研究生的学历毕业了，却还不知大师长什么模样，这种现象是很常见的。

后来靠注疏典籍成名的太学生郑玄，最初也是马融的学生。当时马氏精舍共有及门弟子400余人，能够升堂面聆教诲的只有50余人，排名靠后的郑玄只能由升堂学长转授学习。马融的架子大得很，郑玄在其门下三年，居然没有见过他一面。直到有一次马融召集高才生讨论谶纬图书，听说郑玄善于计算，才临时召他上楼相见。郑玄趁此机会向马融请教，问答完毕后就告辞回家了。

所谓"著录弟子"，即交过学费后注册在大师名下，不必到课堂来学习，类似今天的在职读书，适合在职官吏或富豪这类想混个文凭的社会人士。刘备早年做草编织品生意时，就是名列郑玄、卢植两位名师门墙下的"著录弟子"。名气越响的大师，"著录弟子"越多。《欧阳尚书》专家牟长，"诸子著录前后万人"；《梁丘易》专家张兴，弟子"著录且万人"；学通"五经"的蔡玄，"门徒常千人，其著录者万六千人"。

● 太学其实是工具

东汉的太学，挂名的很多，公卿及其将帅的子弟都被要求入学，但未必个个都有机缘到太学去念书。单校舍来说就没有办法容纳这么多人。因此，太学是很注重考试的，每年要按照成绩排名授官。十几个博士审阅几万份考卷，是非常不可思议的事情。

自汉景帝平定七国之乱以后，董仲舒提出"独尊儒术""兴太学""重选举"的建议。太学的任务即培养有钱的读书人，巩固他们的社会地位和权利。董仲舒提出的"天人相感"思想一开始对经学产生了重大的影响，今文经学大讲特讲天人感应、符瑞灾异，其末流更是完全脱离儒家经典的微言，编造出种种离奇古怪、荒诞不经的"大义"，附会到天帝和孔子名下，经学随之走向了"谶纬神学"。

"谶"本是应验之义；"谶书"就是预言之书，所谓"立言于前，有征于后，故智者贵焉，谓之谶书"。此类书有的还附有图样，叫作"图谶"。此时的谶书不讲一般的因果验证，而是专门"言王者受命之徵验"。教化之本在于，削弱王侯和豪强的势力。王莽、梁太后等人也曾争夺太学这个工具用来加强政治势力。西汉末及东汉末，政治上已面临崩溃，而太学却方兴未艾，由此看来太学实为挽救危机和扩大君主权力的工具。

● 博士：五经的代言人

"博士"是古代学官的名称，战国末期出现了一批博古通今、能言善辩的知识分子多方游说、宣说主张，游说客的"三言两语"有时能抵消一场血雨腥风的战争，因此"博士"之称便出现了。

鲁国国相公仪休是鲁国的博士，他以身作则、严于律己、品行端正，他教导官员，不要同老百姓争利，也不要占老百姓的便宜。有位客人来到他的府上给他送鱼，却遭到他的拒绝。客人纳闷道："听说您极爱吃鱼我才送鱼来，您为什么不接受呢？"公仪休回答说："正因为我很爱吃鱼，才不能随便收礼。我如今身为国相，还买得起鱼吃；如果因今天收下你的鱼而被免官，今后还有谁会敬重我呢？所以，这份礼物我不能收。"这些生活中的小细节，尽显公仪休的"规则"，他吃自家的蔬菜觉得味道鲜美，就差人把自家园中的冬葵菜连根带茎拔掉处理了，以便之后到外面买老百姓种的菜；见自家织的布好，他不但烧毁了织布机，还把妻子休了。理由是，如果各家都自己动手丰衣足食，农民和织妇则无法卖掉他们生产的货物。在这些生活细节中，公仪休始终践行着他的人生格言，"使食禄者不得与下民争利，受大者不得取小"。

秦朝时，出现了诸子博士、术数博士等官位。建元五年（公元前136年），汉武帝设置了五经博士，专管儒家经学传授。到了唐朝，在太学中设国子诸博士，还有各门类的学科博士。清朝及民国时期也设立了国子博士、五经博士和太常博士，这既是一种学位，也是一种官衔，具有世袭特点。

博士作为一种官职被正式确立是在秦朝。《汉书·百官公卿表序》载："秦燔书籍，而置博士之官，博者博通于艺事也。"《汉官仪》也说："博士，秦官也。博者，通博古今；士者，辩于然否。"秦统一六国后，才开始真正关心知识分子官员的事儿，于是一时间冒出了一大批博士，当秦北败匈奴、南拒陆梁，满朝庆贺时，有"博士七十人前为寿"。（《史记·秦始皇本纪》）

汉武帝时，在"建元五年初置五经博士"。"五经博士"专注于研究《易》《书》《诗》《礼》《春秋》等儒家经典，是文化领域内精英中的精英，太学的教师称为"博士"，其学生称为"博士弟子"，亦称"博士弟子员""太学生"或"诸生"。物以稀为贵，宣帝时有博士12人，平帝时有博士30人，东汉初设博士14人。

虽然是精英人士，但理想很丰满，现实却很骨感。当时凤毛麟角的博士却没什么权力，他们的职责相当于金牌顾问。《汉书·文帝纪》载："诏曰：'间者数年比不登，又有水旱疾疫之灾，朕甚忧之。……其与丞相、列侯、吏二千石、博士议之，有可以佐百姓者，率意远思，无有所隐。'"

博士作为官职始于汉武帝时期，他们以使者的身份出门考察，《汉书·武帝纪》载："今遣博士大夫等六人分循行天下。"又如《汉书·元帝纪》载："临遣谏大夫博士赏等二十一人循行天下。"后来博士也任地方政务官，但其仕途真的是太辛苦了！想要谋个一官半职，他们还得反反复复历经文化课的考试和政绩的洗礼。

在董仲舒看来，人才是社会稳定的保障，养士莫大于兴办太学。建学校、请明师，通过考试选拔学员，这样就可以集中培养栋梁之士。汉武帝采纳董仲舒、公孙弘等人的建议，设办太学，朝廷设置了"五经博士"的官职，负责教授儒家经学，定期考核，合格者可以毕业，并按成绩的高低授予相应的官职。

东汉崇博士以典礼讲学为主的本职，且多为侍中，是皇帝身边的"小词典"，"国有疑事，掌承问对"，但大部分博士逐渐变为太常掌礼及国子学教官。

● 教学方法：代课成风

　　两汉太学在教学主旨方面有很多创新：首先是大班上课。经师讲学作为汉代太学的主要教学形式，拥有专门用于讲学的讲堂。例如洛阳太学的内外讲堂规模宏大，"长十丈，广三丈"，能同时容纳数百名学生听课。太学博士多为社会名流，对儒经有深入的研究，他们在进行经学讲解时，展现出了很强的讲学性质和很高的学术水平。其次是高足弟子相传。汉代太学由于师生比例相差悬殊，起初几名博士教授几十或几百名学生，后来随着太学的发展，博士最多时也只有30人，学生数量却激增至几千人，高峰时达30000人。面对如此庞大的学生群体，太学采取了高足弟子相传的教学方式，即让优秀的高手级学生来教导新生，以弥补教师资源的不足。这一方式在东汉时期尤为普遍，官学和私学均会采用。如董仲舒、马融都曾用这种方法授课。第三是集会辩难。此举由皇帝提倡，这种读书学习研讨会常会在某个名胜之地或在朝廷中进行，公开辩论学术得失，氛围热烈。汉代太学还建立了按"讲通经义"来排座次的礼仪，进一步体现了对学术的重视和尊重。问难论辩是汉代太学对经学博士讲经的基本要求，君主甚至亲临太学观摩群英辩论，并对表现优异的博士大加赏赐。

　　汉代太学的入学年龄不一：十几岁至60岁都可以。太学生可以跟随校外的老师补课，例如，郑玄在太学受业，同时又师事京兆第五元；王充到京师受业太学，而又师事扶风班彪；符融游太学，又师事少府李膺，他俩都不是太学博士。另外，博士弟子中的好学之士，也不一定专守章句，其中还有自由研究科学的。又如张衡，在太学求学，"通五程、黄六艺"，还在外与同学崔瑗研究天文、数学等学科。

● 隔音效果差引发的"诽谤事件"

太学生的宿舍跟现在的学生宿舍差不多，多人同住一层，房间的隔音效果也不是很好。孔僖与崔骃为同窗好友，共同在宿舍里阅读《春秋》，因吴王夫差不善深谋远虑而亡国，大为气愤。孔僖认为吴王"画虎不成反为狗"，且史书上很多人都在"画虎"！此时，邻屋的同学梁郁侧耳倾听了老半天，忙见缝插针地补充道："这么说的话，你难道认为武帝是狗？"

这两位探讨学问的同学没人搭理梁郁，梁郁便上书揭发他们"诽谤先帝，刺讥当世"。孔僖申辩道："臣之愚意，以为凡言诽谤者，谓实无此事而虚加诬之也。至如孝帝皇帝，政之美恶，显在汉史，坦如日月，是为直说书传实事，非虚谤也……且陛下即位以来，政教未过，而德泽有加，天下所具也，臣等独何讥刺哉？假使所非实是，则固应悛改；倘其不当，亦宜含容，又何罪焉？"

孔僖首先为"诽谤"二字正名，"凡言诽谤者，谓实无此事而虚加诬之也"。因此，据实而言，不可称之为"诽谤"。其次，自己也是因阅读《春秋》而客观举出历史名人，并未夸大褒贬其辞。

宣帝觉得孔僖伶牙俐齿辩解得很有道理，非但没怪责于他，还赐予了孔僖七品官——兰台令史。

● 此宦官非彼宦官

在汉代"宦"字并不都是指被阉割的太监,也指代官员。东汉许慎《说文解字》中的解释是"宦,仕也",做官之意。古籍中常说某女子出生于"官宦人家",意指其出身于官员家庭。"宦"的含意有两种:一是指服侍帝王的官员。《国语·越语》中记载越王勾践与范蠡"入宦于吴",即到吴国做吴王夫差的臣子。二是指贵族家中替贵族出谋划策的门客,因被贵族养在府上,也叫"宦养"。"宦"从字形上看,即在别人的府上尽为臣之道,是"官员"的通称,所谓"宦途",也指官场。

战国时期,朝廷里就有被阉割的内侍,史书上称的"宦者"就是"太监"。战国晚期,"宦者"既可以指做官的人,也可以指被阉割的太监。《后汉书·宦者列传》记载:"中兴之初,宦者悉用阉人,不复杂调他士。"在东汉光武帝中兴初年开始重用"阉人",朝廷的大臣都用宦官,也就是被阉割的男人,而不再任用儒生。汉灵帝时期著名的"十常侍",即10位被阉割的男人,就是当时的朝廷重臣,他们操纵了整个朝政。

汉代选拔官员,除了承继秦代的军功爵制、荫庇制度外,最主要的方法就是察举制。如果察举者清正廉洁,那么所举荐的官吏必将竭尽忠诚,为国家效力;否则,将会玷污官场,导致政治腐败。桓帝、灵帝时期的选举制主要掌控在宦官手里,以致士人奋起抗争。

● 宦官作为中介的鸿都门学

鸿都本是与兰台、石室、东观等并立的图书馆藏地，灵帝光和元年（178年），宦官集团为了培养一批自己的团队，在洛阳的鸿都门附近创建了"鸿都门学"，专门教授辞赋、小说、尺牍和书法，以作赋和写"虫篆"作为取士的标准，凡学生考试合格，即授予高官厚禄，不合格者也会被授予小官。

汉灵帝公开为那些不擅长考试的学生设计了一套入学方案，更符合小资范儿皇帝的审美。传统的"四书五经"太枯燥了，闲情逸致的诗词歌赋和小品相声多有意思啊！宦官成了招生的负责人，为皇帝源源不断地送去有钱人家的孩子，而皇帝也坐收渔利，那些有一技之长的特招生既能为他吸金，又能为他无聊的生活带来一些乐趣，喜闻"方俗闾里小事"的灵帝，何乐而不为呢？

以传统教育为核心的士族阶级的地位和学校遭到了冲击。一时间涌现出了各类人才，梁鹄是鸿都门学的名人，他因书法声名远播，书圣王羲之深受梁鹄书法的影响。王羲之在《题卫夫人笔阵图》中自述："羲之少学卫夫人书，将谓大能；及渡江北游名山，比见李斯、曹喜等书；又之许下，见钟繇、梁鹄书……遂改本师，仍于众碑学习焉。"博采众长的王羲之认真向汉魏时期的各位大家学习，梁鹄就是书圣师法学习的对象之一。

汉灵帝津津有味地欣赏诸多另类人才，将吵着废除"鸿都门学"的蔡邕免职流放，儒学士大夫反对"鸿都门学"的第一回合斗争失败了。

后来，士大夫们依旧不依不饶地对宦官指手画脚，汉灵帝觉得这些士大夫真无趣，于是他做了一件"标新立异"的事儿：光和元年（178年）十二月，汉灵帝令人将乐松、江览等32个人的画像挂在校园里，每幅画像的下面都有相应的生平赞语，摆明了告诉那些多管闲事的官员，别再啰唆了，朕就是喜欢他们，你能怎么着！

● 教师节：经师们的节日

"教师节"可以追溯至汉代，"经师"也称为"教师"。《汉书·平帝纪》载："郡国曰学，县、道、邑、侯国曰校。校、学置经师一人。"汉代时，每年在孔子诞辰日（农历八月二十七）这一天，皇帝会率领文武百官祭拜孔庙，场面恢宏，秩序井然，鼓乐喧天，礼节隆重。祭孔典礼之后，皇帝还会邀请国子学、太学的经师入宫聚餐。后来，各地民众纷纷效仿帝王祭孔敬师之礼，在这一天举办各种娱乐活动。

东汉光武帝建武年间，岁终皇帝下诏赐给每位教师一只活羊，羊有大小、肥瘦之分，如何公平、公正、公开地分配这些羊，成了棘手的问题。大家想出了各种解决方案，最为血腥的方案是将羊杀了上秤分肉，也有的人觉得分东西要看运气，不如听天由命按照抓阄的顺序挑选。

以两袖清风闻名的甄宇不声不响地顺手牵走了一只最小、最瘦的羊，如菜市场讨价还价般闹哄哄的氛围一下安静了许多，后人赋诗称赞甄宇："多少长安苦吟客，瘦羊博士最风流。"

唐代时，尊孔子为先圣、尊颜回为先师，由于经济环境优越，人们对先师、先圣的祭典也就更为隆重，朝廷还会在孔子诞辰日对优秀教师进行赏赐。

● 太学的师资队伍

汉代学者扬雄在《法言·学行》把"模"与"范"二字连为一词，提出"师者，人之模范也"。东汉的"保举状"对博士的要求更为严格，被保举的博士必须德才兼备、身体健康，并且要有丰富的教学经验。东汉皇帝颁发的诏书又对博士的年龄进行了限制，博士年龄须在50岁以上。但也有例外，东汉戴凭为奇葩早发之才，精通《京氏易传》，年仅16岁就被征为"太学博士"。

经过严格的遴选，在汉代太学执教的博士可谓群英荟萃：孔安国、戴凭、夏侯胜、夏侯建、欧阳歙、韦贤、匡衡、董仲舒、公孙弘、贾谊、翟方进、卢植、许慎、韩婴、戴德、戴圣、梁丘、京房等，皆是当时博通古今、通体达用、道德高尚的鸿师硕儒。

汉武帝在长安设太学，设置传授"五经"的博士，并为博士设弟子。博士作为官员专门以"五经"为载体，宣扬皇帝的治国理念，其主要职责是"掌教弟子"，以教学为主。但君主要是有疑难问题，博士们也负责解答。汉代每一经设1名博士，西汉初置五经博士各1人（五经即《诗》《书》《礼》《易》《春秋》），至汉元帝时增加至15人；汉平帝时，王莽增五经为六经，每经设博士5人，共设博士30人。汉代在博士之上设有首席长官，西汉博士的首领称"仆射"，东汉时改称"祭酒"。

汉武帝初置五经博士，定禄四百石，宣帝时增秩至六百石，尽管他们的俸禄不高，属中级官员，等同于二千石一级的官员，但其地位却优崇于其他同级甚至高级官员。博士有特制的衣冠，它是博士身份和荣誉的象征。

● 皇家尊师风尚

过去的教师坐着授课，四川广汉出土的"拜谒砖"，画面为一长者坐于席上，头戴进贤冠，正接受拜谒，右侧四人，衣冠整饰，手中持牍，拱手跪拜。德阳出土的《讲学图》画像砖也反映了这方面的内容：右侧一人端坐席上，似在教授；左侧二人面向右，各执书简跪坐，虔诚肃穆，恭恭敬敬听经师讲解。

汉代皇帝对其师礼遇深厚，加官晋爵已是家常便饭，如韦贤、匡衡、张禹、贡禹、孔光等人就曾因教授人主而位极人臣。邓太后对班昭甚为尊重，为了表彰班昭在皇宫内为教育所作的贡献，特封其子曹成为关内侯。

班昭14岁时就成亲了，可惜丈夫早亡，班昭守寡，汉和帝随即命班昭到藏书阁续修其兄班固未完成的作品《汉书》。班昭的才德深得汉和帝的器重，和帝多次召她进宫，让后宫嫔妃拜她学习，班昭成了宫廷教师，大家都很尊敬她，称她为"曹大家"（当时人们把学识高、品德好的妇女尊称为"大家"）。

话说班昭这位女才人与汉和帝的贵人邓绥（后被立为皇后）非常投缘，二人很快成了"忘年交"。从此，班昭就成了邓太后的幕后智囊，为她出谋划策、处理政务，无所不能。邓太后的哥哥邓骘将军因母亲去世，请求辞官归乡，邓太后不同意，但邓将军的态度却很坚决。于是邓太后去征求班昭的意见，班昭告诉邓太后，邓将军急流勇退是正确的，否则恐有祸端。邓太后接受了班昭的建议。邓将军服丧期满，邓太后又下令命他重新回来辅佐朝政，邓将军坚决地辞让。班昭七十多岁辞世，邓太后十分悲痛，素服举哀，并下诏隆重举办其后事。

不仅皇帝尊师重道，就连反抗统治者的农民起义军也对教师倍加尊重。如郑玄自徐州还高密途遇黄巾军数万人，"见玄皆拜，相约不敢入县境"。黄巾军经过经学大师孙期的故乡，"相约不犯孙先生舍"。

官学"名儒世家""名师"，名利双收，社会地位可见一斑。衣食住行全盘安排，前途指日可待，这是广大普通教师望尘莫及的。

● 公务员考试

汉代太学的考试有两大作用：一是通过考试选拔人才，充实官吏队伍；二是督促学生学习、督促校方提升学术素质。汉武帝开创太学时，规定太学每年考试一次，称为"岁试"，东汉时期改为每两年考试一次。

考试方法有：射策、策试、口试，这些考试方法一直推行至西汉末年。在公务员考试中脱颖而出的才子有：布衣丞相匡衡和翟方进、御史大夫倪宽、唯物主义思想家王充、数学家崔瑗、科学家张衡、经学大师郑玄等。

汉代实行的"策试"分两种，即"对策"和"射策"。"对策"

是公开提问，当场应对（相当于今天的面试）；"射策"是密封若干问题，抽签作答（相当于今天的笔试）。通过"射策"选拔上来的人才如倪宽、萧望之等；通过"对策"选拔上来的人才，名气最大的是董仲舒。被选拔者在简策上逐条应对问题，故"策试"也称"策问""对策"。

射策，"经传多假策为册"。（《说文解字注》）"策"即一种竹片，将问题写在竹简上，故称"策问"。《萧望之传》中"以射策甲科为郎"一句作注，曰："射策者，谓为难问疑义书之于策，量其大小署为甲乙之科，列而置之，不使彰显。有欲射者，随其所取得而释之，以知优劣。射之，言投射也。"一般甲科为郎中，乙科为太子舍人，丙科补文学掌故。甲科百人补郎中，乙科二百人补太子舍人，皆秩比二百石；次郡国文学，秩百石。

"策对"是汉代皇帝遇到难以解决的重大问题或对某些事情疑惑不解时，依据对策者水平授官的一种选拔人才的制度。初看"射策"，不了解的人还以为是类似射箭的运动。实际上，"射策"是汉代选士的一种考试方式。两汉"射策"的题目都和经义有关，东汉时分经出题，限定每种经录取的名额。通常由主试者将问题写在策上，扣放于案头，由应试者选择其一，这便叫作"射"，之后由应试者按所射的策上的题目作答。汉代射策一般应用于太学诸生、选补博士以及明经、察举的考试。

从汉文帝首创策试，到汉武帝发诏举人，可以看出"策试"已经成为汉代选拔人才的一种重要途径。"策试"采用书面考问答题的形式，试卷答案称为"对策"，这种"策问—对策"的方式是两汉策试的主要形式。"策问"的另一种形式即"射策"，须对经书部分内容进行解释，易事先背诵准备，因而设定较多题目以备应试者抽取回答。总之，"对策"即对统治者提出的问题进行综合分析，进而得到解决方法，而"射策"更多的是考查士子的记忆能力，多在明经诸科中采用，因此"明经"成了后来唐代取士的科考科目。

汉代"策试"题目的难度系数从高到低依次为：甲、乙、丙，而东汉只分甲、乙两科。不合格的试卷，称为"不应令"或"不中策"。落选的学生可以一直考下去，西汉时匡衡"射策"多次不中，直到第九次才中丙科。分科的目的是择优录取，出题时不分科，评卷时根据成绩高低分科，按成绩授予中选人相应的官职。甲科者可为郎中，乙科者可为太子舍人，丙科者只能补文学掌故。答卷质量的高低直接关乎未来职位的高下，无怪乎古人有"万般皆下品，唯有读书高"的理念。

忍把浮名，换了浅斟低唱：为官

古人10岁入学，称为"幼"；20岁时举行冠礼，称为"弱"；30岁时，称为"壮"；40岁时可任官职，称为"强"；50岁时，主持行政大事，称为"艾"；60岁时能指使他人做事，称为"耆"；70岁时，传授宗庙祭祀事务给后辈，称为"老"。7岁称为"悼"，八九十岁的时候称为"耄"，此时即使触犯法律，也不施加刑罚。100岁时，更需注重保养身体，称为"期颐"。

大夫到70岁就可以退休了，若被要求继续做官，就要赐给他桌几、拐杖。若因公事外出乘公车，要派妇人跟随照料，他们自称为"老夫"。

古人学而优则仕，因学业优异或品行良好被推荐为官后，青云路上一朝得志，却未曾逍遥须臾，一生在官场浮沉中摸爬滚打，多数人白发冉冉，仍功名未遂，所谓"出门搔白首，若负平生志"。

会昌二年（842年），李商隐任秘书省正字"方阶九品，微俸五斗"的官职，在酒暖灯红的宴会上等待意中人，却迟迟不见其到来，当听到五更鼓响，只得仓促上马归去，为官不得安稳，像

随风飘荡的蓬草，所谓"隔座送钩春酒暖，分曹射覆蜡灯红。嗟余听鼓应官去，走马兰台类转蓬"。（李商隐《无题》）

拂晓之前，宫廷仪仗队已陆续进入朝堂，朝廷中人人威严肃立，从御炉中飘出的香气，将人们有些困意的神经渐渐催醒。退朝后，官员们舒展筋骨，抬头仰望苍穹，鸟儿在空中自由飞翔。怀想一世大好时光，尽浪费在仕途路上，不禁惆怅潸然。

● 父母官

"父母官"是中国古代的百姓对州、县官员的尊称，源于西汉召信臣（召父）和东汉杜诗（杜母）两位太守。

《汉书·循吏传》记载：西汉元帝时，南阳郡（今河南省南阳市）太守召信臣秉承"为民兴利，务在富之"的做官理念，他有强大的行动力，不摆架子、不要官威，亲自去田间地头考察，在乡间公舍住宿，开通沟渠，将用水的规则刻于石上，立于田边，以防争抢斗殴。他务实节俭，从民众实际情况出发，抛弃婚丧嫁娶时装阔气的形式主义作风，减轻了民众的压力，盗贼也不再兴风作浪。南阳郡的百姓"民得利，蓄积有余"，过上了吃得饱、穿得暖的幸福生活，群众对召信臣大加赞扬，大伙儿亲切地称他为"召父"。

另一位是东汉南阳郡太守杜诗，他也是个只做实事的好官，他创造了水力鼓风机用以铸造农业工具，大大提高了生产效率。他修治坡地池塘，扩大耕地面积，让百姓过上了理想的生活，大家无以为报，便以"杜母"相称。

民间有"前有召父，后有杜母"的美言，因此两位百姓心目中完美的好官陆续走入了南阳。

● 官员工资：俸和禄

"俸"指钱币，又称俸银或俸钱；"禄"指谷物，又称禄米，常以俸银和禄米来计算官吏的俸禄。战国至秦朝时期，官吏的俸禄以禄为主，粟米充当了各级官员的"工资"。至两汉时期，官员俸禄开始正规化，官吏职位的高低和俸禄的级别以"石"表示，俸禄以斛为计量单位（每斛约130斤），按月发放粟米。俸禄共分16等：万石官月俸350斛，百石官只有16斛。县令为千石至六百石官，每月70斛至90斛。汉代时，官员的俸钱和禄米的比例是1∶1。

魏晋时实行九品中正制，俸禄的形式也一改从前俸钱、米谷各半的形式，改为帛、粟、钱各占三分之一。"帛"是丝织品的总称。由于制造货币是件麻烦琐碎的事情，发放货币前要关注是否有库存的原材料，还需要有聪慧的头脑计算市值，而且就算劳民伤财产出了货币，也只不过是个交换工具，大臣们还要用钱去换回物品，最终成全了坐收渔利的商人，还不如直接将物品从公家这里发给官员们。于是，隋代官俸又恢复了两汉时期以粟米计算俸禄的方式。

唐朝的俸禄形式则灵活得多，除了传统的俸银、禄米外，还加上了田地，官员还可领取薪炭、绸缎、纸笔及雇用人员的俸料银。直到唐代中期，官员的基本工资以货币为主要形式。唐开元年间，国家才开始真正阔绰起来，国库里有的是钱，也不用精打细算，粮钱合起来，以月俸为名，随月发放，此时俸禄并行不悖的局面才真正过渡到以"俸"钱为主,"禄"米等物品为辅的工薪制。

● 年终奖

早在两千多年前的汉代,皇帝会在腊月赏赐官员财物,这些年终的奖励古时称为"腊赐",依照官员等级的不同,"腊赐"的数量不一。据杨侃的《两汉博闻》记载:"腊赐大将军、三公各钱二十万,牛肉二百斤,粳米二百斛;特进、侯十五万,卿十万,校尉五万,尚书三万,侍中、将、大夫各两万,千石、六百石(均是官名)各七千,虎贲、羽林郎三千。""钱"指的是五铢钱,汉代1枚五铢钱相当于现在0.4元人民币。当时官员们的工资,像大将军、三公之类的高级官员,月薪约17500枚五铢钱,相当于人民币7000元,一年的基本工资为84000枚五铢钱,相当于人民币33600元。年终腊赐超过了全年工资,连同牛肉、粳米加在一起,大将军、三公等中央及政府官员获得的年终奖励高达10万元。守卫王宫、护卫君主的保镖——虎贲、羽林郎也要近万元。清代的徐昂发先生,在比较了历朝历代的年终奖励数额后,不禁感叹说:"汉世优恤臣下,可谓厚矣。"

与汉代相反,北宋官员的工资相对较高,年终奖则少得可怜。以我们熟悉的包拯来说,他任职开封府时的基本工资包括月料(月薪)、餐钱(饭补)、茶汤钱(水补)、薪炭钱(取暖费)、公使钱(招待费)、添支钱(岗位津贴)等,全部算下来差不多已有万贯,相当于人民币五六百万元之多。当时官员的年终奖,即便是宰相级别的国家重臣，也不过五只羊、五石面、二石米及几坛酒而已。

钱和物这类实惠的东西，为朝九晚五的官员们捎去了春节的祝福，大包小包的年货搬到家，成就了冬日暖阳。到了清代，赏赐的物品种类更为多样。清宫有"冬至赐貂"的惯例，每逢冬至，任职南书房、如意馆、升平署等部门的官员都能得到数张貂皮。临近年尾，各王公大臣以及部分外廷大臣还能得到皇帝赏赐的"福"字一幅、"岁岁平安"荷包一个、灯盏数对，以及从辽东运来的鹿尾等珍贵物品。福字、荷包等小物件，因受主隆恩而显得意义非凡。

● 贵族的格调

古代贵族的行事风格如果用一个字总结的话就是"装"，或美其名曰附庸风雅，这在当时也算得上是一种潮流。引领风尚的文人墨客见面一言不讲，就开始奏乐，接着便会朗诵一段《诗经》。这种贵族范儿就像染上烟瘾的人，紧张的时候说一句，开心的时候说一句，闹心的时候再说一句，这种蜻蜓点水似的风格既怡情悦性，又端着自己的架子，不会尴尬。在晋国的贵族战车上有时还会放一架琴，在进入敌人阵地之前，先要弹一会儿琴热热身，缓解一下紧张情绪。

就算在本该安安静静学习的教室里，也没明文规定上课不许弹琴。孔子的课堂上，在弟子们纷纷踊跃发言讨论的时候，曾皙来了兴致，搞起气氛，开始鼓琴伴奏，由于过于投入，忘记了今天的授课先生不是自己，导致喧宾夺主，直接影响到了孔子的思路，孔子只有借让他回答问题的机会撑住场面。

这种无敌的贵族精神不仅体现在弹琴上，还体现在人在遭遇晴天霹雳大事前的心理素质上。项羽被楚怀王封为鲁公，食邑鲁县。鲁县位于鲁地，是儒家的大本营，满坑满谷都是儒生，他们都对项羽忠心耿耿。当项羽的死讯传来时，这些儒生并没有投降，他们的第一反应是别想套路我们，让我们自乱阵脚。于是儒生们聚在一起，气定神闲地继续开启弹琴、读诗的娱乐模式，所谓"鲁中诸儒尚讲诵习礼乐，弦歌之音不绝"。刘邦见不得这些华而不实的玩意儿，也懒得大费唇舌，他用行动说明一切：差人把项羽的脑袋挂到城门口，儒生们才撇下内心的焦虑，灰溜溜地投降。

金戈铁马征天下的汉武帝不喜欢这套华而不实玩意儿，凡事速战速决才是关键，于是文人们的风雅情怀被他狠狠整肃了一番。汉昭帝时期，在震惊全国的大型学术会议——盐铁会议上，热爱音乐的官员们遭到了一番猛烈的抨击："荆、扬南有桂林之饶，内有江、湖之利……火耕而水耨，地广而饶财；然民䲡窳偷生，好衣甘食，虽白屋草庐，歌讴鼓琴，日给月单，朝歌暮戚。赵、中山带大河，纂四通神衢，当天下之蹊，商贾错于路，诸侯交于道；然民淫好末，侈靡而不务本，田畴不修，男女矜饰，家无斗筲，鸣琴在室。是以楚、赵之民，均贫而寡富。"

大意是抨击故弄玄虚的小资格调祸国殃民，不仅让百姓们迷失了自我，也严重影响了国家经济腾飞的速度。先是从荆州、扬州那些物质爆棚的繁华都市说起，这些风雅人士引领的这股潮流，使得本该朝九晚五上班的百姓们变得好吃懒做，吃了上顿没有下顿的穷人们，居然也不考虑温饱问题，若无其事地两腿一盘，淡定自若地坐在破旧的茅棚里天天唱歌弹琴。早上兴高采烈地唱歌，到了晚上肚子饿得咕咕叫，还怨天尤人哭天抢地。赵国和中山等一线城市最利于做生意，可那里的百姓既不愿动脑筋，也不想抓住商机，他们有一点儿钱就去买些华而不实的漂亮衣服，在空空的米缸旁边，还阔气地摆着一架琴。

这些小资风范的官员，不但不反思自己没做好榜样，反而是一副事不关己的态度，埋怨百姓活该穷得叮当响。就是这些自命清高的人，让目不识丁的百姓至死不渝地玩儿起了骨灰级别的高雅！

● 选官方案：察举征辟制——举孝廉、举察廉

察举征辟制是两汉时期朝廷选拔官员的制度，中央政府或地方政府的高级官吏，在所管辖的地区内，将他们认为有才干、品行好的优秀人才推荐给中央政府委任官职，这个过程需要经过察举、征辟两个步骤。察举征辟制可分为举孝廉、举察廉两种方式。

察举制是汉武帝元光元年（公元前134年）开始实施的，是两汉时期选拔政府官员的主要途径。察举制不同于只要有个好爹闭着眼睛都能当官的世袭制和出身寒门的莘莘学子要翻身重新谱写自己的家族史皓首穷经也要通过的科举制考试。察举制介于二者之间，要说难绝对没有千军万马过独木桥的科举制难，也没有因为出身不是名门而直接被命运淘汰的世袭制难，但它也有一套自己的评判标准，如孝廉（即能尽孝道、做事正直）、茂才（即才学出众）、贤良方正（即品性贤良、行为端正）、孝悌力田（即孝父

母、爱兄弟、勤恳种田）等。

对于被察举的人，朝廷会提出一些治国和经义方面的问题对其进行考核，叫作"策问"，应举者回答朝廷提出的问题，叫作"射策"或"对策"。董仲舒就是在元光元年（公元前134年）以贤良方正连对三策而被录用的。中央政府对被推荐者进行考核后分别授予其不同官职，考核的方法主要是委以官职进行试用，合格者得到升迁，不合格者放回乡里。

征辟，即中央政府的高级官吏和地方政府的州郡长官向朝廷推荐人才，由朝廷聘任为官，或者自行征聘为自己的下属官员。高级官吏把有声望、有才干的人推荐给中央政府，由中央政府聘其为官称"征"；地方政府中的州郡长官将有才能的人聘为自己的幕僚属官称"辟"。班固因为在家中撰写《汉书》，以私作国史罪被告发，遭逮捕入狱。他的弟弟班超为其奔走上诉，并把书稿送至京师，汉明帝读后十分赏识班固的才学，特召他入宫任兰台令史（负责管理档案的官员）。

孝廉的方案源于董仲舒的灵感，颜师古解释：孝，谓善事父母者；廉，谓清洁有廉隅者。当时的官吏多出于任子（因父兄功绩被授予官职）或赀选（又称"捐官"），各地地方官每年择吏民中的贤者二人，荐举于朝，但每年一个省只有2个名额，省长级别的人才有权推荐，而且推荐上去的人也不能立即上岗，要入专门的学校学习一段时间，才能被正式录用。

"官"是正职（即长官）、有品级（一品、二品、三品等），由中央统一任命，因此也叫"朝廷命官"，是所谓的"国家干部"。"吏"是下等身份，虽然在官府任职，但没什么话语权，只能算作官府中跑龙套的。今能考见的汉代举孝廉的实例：西汉有21例，东汉286例。

举察廉的选拔对象大体为县级以上的官员，一般根据品级逐级递补，而且可以被多次察举，其举主上自中央公卿下至地方郡县以至率兵将领。

推举的事情虽然不复杂，但推荐人需要承担一定风险，如果推荐的对象不是货真价实的栋梁之材，可能要面临告老还乡的贬秩免官之难，所以起初察廉、孝廉还是具备一定含金量的。但进入东汉以后，随着政治日益腐败，滥竽充数的人不在少数，由于权贵豪强的请托，被察举的多是愚顽无能的门阀子弟，特别是到了东汉后期察举之滥，经常遭到人们的指责和讥讽。王符在《潜夫论·考绩》道出了这一制度的真实面目："当时的察举以贪婪之人举为廉吏，以谄媚阿谀之人举为直言，以平庸无知之人举为明经。"《抱朴子·外篇·审举》载："举秀才不知书，察孝廉父别居。"秀才本该是满腹经纶，但实际上选拔出来的人可能是连一本经典都没读过的纨绔子弟；本该以尊孝老人著称的吏员，实际上跟老父亲都不在一起生活，非常疏远。不过，还是有很多名副其实的好官，下面几位就是选拔出的优秀人才。

袁安为人严肃庄重，在本州颇受尊敬。初为郡功曹（相当于省长秘书的职位），刺史（检核问事，职位相当于纪检委书记）的从事（秘书）托他带封信给奉檄汝阳令。袁安说："如果是公事，自有邮驿替您传信；如果是私事，我是国家公职人员，差我去做，似乎不妥吧！"从事本想以自己的身份派他办件事儿，谁想碰到这样一个"不识抬举"的，被深深刺激了一下。细想自己平日接触的都是有求于自己的人，当然不敢对他不恭敬，这件事恰好证明了这位同人坚守底线，自此在这种事情上他再没骚扰过袁安。

明帝永平十四年（71年），袁安为三府所举，出任楚郡太守，他导演了一场气势浩然的"新官上任三把火"的"大戏"——审理楚王刘英阴谋篡位案。本案牵连数千人，主审官吏不分青红皂白逼供，犯人严刑难忍而被迫招供，导致坦白后冤死。这件棘手的案子本该由上一任太守办理，可他一拖再拖直到换任，终于把问题扔到了新上任的袁安这里。袁安到郡后，不入太守官府，而是先去审理案件，将那些缺乏明确证据者，逐一列出上报。府丞掾史提出偏袒反房，按照法律规定将与反房同罪，他的手下一看这老虎屁股摸不得，便纷纷叩头请求袁安放弃此举。袁安则说："如果与律例不合，出现问题我一人负全责，绝不会牵连大家。"他与属官持不同意见，分别上奏。汉明帝审阅袁安的奏折，发现其中确有大量冤案，顿时醒悟。在袁安的强烈坚持下，400余名无辜的人被释放出狱。

一年多后，袁安迁河南尹。他政令严明，从没有因贪赃罪而逮捕人。他常说："凡由学而得官者，高则希望做宰相，低则希望担任州牧太守。如今为太平盛世，作为太守，我实在不忍心因贪赃的罪名，而妨碍一些人继续做官。"懂得换位思考，这大概是袁安高情商的表现，将心比心，大家听到太守的这番话，更加珍惜自己来之不易的羽毛，都自觉遵守律例。

朝廷向来是权贵的盛宴，而正义就是理想和现实成功碰撞的产物。汉和帝即位，窦太后临朝，太后兄车骑将军窦宪北伐匈奴，袁安与太尉宋由、司空任隗及九卿至朝堂上书谏阻，以为匈奴不犯边塞，而无故劳师远征，耗费国家钱财。因为太后不理睬，袁安便反复上书说这件事儿，让跟他一起上书的太尉宋由感到害怕，不敢再与袁安等人联名，其他人也都打起了退堂鼓，坚持到最后的只剩袁安、任隗二人。众人都为他俩担忧，袁安却镇定自若。

窦宪出兵后，其弟卫尉窦笃、执金吾窦景有恃无恐、飞扬跋扈，光天化日之下派人在洛阳附近抢夺行人财物。窦景又擅自征发武艺精湛的护城卫士到自己府内守卫，其他官员都睁一只眼闭一只眼不敢声张，更不要说批评了。但袁安不仅对窦景提出异议，更是揪出40余位投靠窦氏的州郡牧、守，让窦氏怀恨在心。但由于袁安、任隗一向行为谨严、品行高尚，窦氏找不到把柄加害他们。

为节约国家经费的问题，袁安与窦宪反复争辩。窦宪出言不逊，甚至引述光武帝杀韩歆、戴涉之事恐吓袁安，逼迫袁安屈服，然而袁安临危不惧。

永元四年（92年）春，袁安病逝，汉和帝追思袁安等人的正直品质，拜袁安的儿子袁赏为郎（郎官是各县令、长、丞、尉的候选人）。

胡广（91—172），字伯始，南郡华容（今湖北监利）人。父胡贡，曾任交趾（今越南河内东）都尉。胡广年幼丧亲，家境贫苦。成年后，跟同龄人一起在南郡政府机构任散吏，太守之子法真前来探望父亲，在诸多吏员中法真隔着窗户看中胡广，提拔他上岸。开挂的人生不需要解释，胡广进京后复试章奏，汉安帝确定他为天下第一。仅一个月即拜尚书郎，渐次迁升至尚书仆射。

胡广先是帮着皇帝确定选后细则，汉顺帝同时博爱4位贵人，又拿不定主意选谁，他打算以传统的抽签方式抉择。胡广与尚书郭虔、史敞上书，认为抽签的方法不够正式，他们还是建议选取良家之女，三代之内经商的人、犯了罪的官吏、杀人犯和入赘的女婿及工人家庭都免谈，然后再看德行、年龄、相貌，最后梁贵人胜出，被定为皇后。

当时，尚书令左雄提议修改察举制度，限年纪四十以上，儒者试经学，文吏试章奏。胡广又与史敞、郭虔上书表示反对。他们认为选举应该以才为标准，不能拘泥于定制。经学、章奏未必能够包含所有的治国良策，他们希望汉顺帝能广泛征询大臣的意见，择善而从，不要凭一人之见，就改变前世旧章。然而，汉顺帝未能采纳他们的主张。

太傅陈蕃被杀后，80岁的胡广代为太傅，此时胡广的继母依然健在，他亲自朝夕侍奉，从不抱怨，不仅在家里低调，在社交场合胡广也温和谦谨。东汉中期以后，外戚、宦官相继擅权。邓彪、胡广贵为公卿，为自保选择向主流权势妥协。为讨好宦官，很多眼疾手快的官员争相与中常侍丁肃联姻。汉质帝去世后，朝廷本打算拥护立位优秀的皇帝，但由于畏惧权势，放弃初衷。京师谚曰："万事不理问伯始，天下中庸有胡公。"

胡广任三公三十余年，历事六任皇帝，仕途一路飙升，可谓春风得意。偶尔也有一点儿磕绊譬如生病疗养，但每次因病逊位返岗，总是不满一年就再度升进。他一生任司空1次、司徒2次、太尉3次、太傅2次。

熹平元年（172年），公、卿、大夫、博士、议郎等故吏为82

岁的胡广举行了隆重的葬礼，汉灵帝给了他极高的待遇，追赠太傅、安乐乡侯印绶，谥"文恭侯"。

在表彰廉吏的政策下，汉代涌现出了一大批廉吏，为汉代官场注入了一股清流。《史记》《汉书》《后汉书》中都有《循吏传》，"循"如颜师古所注，就是"上顺公法，下顺人情也"。"强项令"董宣是东汉光武帝时期的洛阳县令，贪赃枉法的皇亲国戚云集在当时的首都洛阳，想要整饬他们，就得随时把命豁出去，董宣上任那天，抬了一口棺材进县衙，以明心志。

明太祖朱元璋最喜欢用董宣的故事做正面教材鼓励其他官吏，在选官制度中特设"廉吏"一科。

● 自费买官

据史料记载，中国古代的卖官政策最早始于秦始皇。《史记》中说，公元前243年，蝗灾大疫，朝廷下令百姓每缴纳一千石粟，可以授予爵位一级，以此来充盈国库。虽然政府名正言顺地设置了买卖官职的平台，但像"三公"这样的高级别爵位是不出售的。

汉武帝时期，连年征战、穷奢极欲，导致国库空虚，为了弥补用度，汉武帝允许买官和用钱为犯法者赎罪。由于粮食是有保质期的，何况朝廷又不缺食物，所以此时买官不再收取粮食，只收钱。

公元前123年，朝廷开卖武功爵，但仅能买到第八级的"乐卿"，而且这个位置没有什么实权，所以买者较少。为了更好地充实国库，朝廷试着给买武功爵的人授予"实权"，价格为第一级17

万铜钱，每增加一级加2万铜钱。价格虽然不菲，但人们买官的积极性还是很高的。

历称"顽主"皇帝的汉灵帝更是将买官卖官市场化。他开办了一个官吏交易所，在这里各级官职明码标价，公开出售，只要有足够的钱财，就能买到心仪的职位。让人震惊的是，那些想买官却囊中羞涩者甚至可以"打白条"上任，上任后这些欠费的人成了官奴，拼命搜刮民脂民膏以还清贷款。有实力者如张释之、段颎等人，为了登上仕途，也是破费在先。然而锦鲤那么多，龙门仅一个，自费当官的人依旧络绎不绝，因此费用水涨船高，越来越贵。官员上任前要先支付相当于他二十五年的年俸，这令许多想做官却经济拮据的人望洋兴叹。

官位的标价也遵从一分钱一分货的市场规律，根据官吏的年俸来计算。如年俸二千石的官位，标价就是2000万钱；年俸四百石的官位，标价就是400万钱。州牧和郡守都是二千石待遇，县令享受六百石至一千石不等的俸禄。汉时的两文钱，相当于现在的1元人民币，在当时就是做个县令也至少得花费六百万钱（人民币300万元至500万元）。

● 沐浴

在甲骨文和金文中，"沐"字就像一个人用双手掬水洗头发，而"浴"字则像一个人处于器皿之中，身边洒下点点水滴。东汉许慎的《说文解字》解释得更到位："沐，擢发也，浴，洒身也；洗，洒足也，澡，洒手也。"由此可见，古时的"沐浴"相当于现在的洗澡，古时说的"洗澡"更像洗手、洗脚。

传说商朝未建立前，其部落首领的妻子简狄在一次沐浴时不小心吞下玄鸟的卵，后来便生下商族始祖契。殷商王朝的创始人成汤还特意在自己的洗澡盘上刻下"苟日新，日日新，又日新"的自励格言，以警醒自己要不断更新、不断超越。相比之下，《黄帝内经·素问》载"其有邪者，渍形以为汗"中的"渍形"即用热水洗浴预防疾病，跟我们今天洗热水澡差不多，为的就是清洁皮肤、促进血液循环，以起到强身健体的作用。

西周王朝时，祭祀和朝见天子前必须"沐浴净身"，以示内心洁净虔诚。史载，西周时期每逢重大祭祀活动，先要进行两次斋戒：祭前十日或三日，称"戒"；祭前三日或一日，称"宿"，均由专职官员主持。除沐浴更衣外，还必须暂停一切活动，以防"失正""散思"。当然，"戒"中还包含戒食韭、蒜一类的辛辣之物，以彻底净化身体，防止口中有异味。朝见天子也不能马虎，西周规定，当诸侯入京朝见时，天子会赐一块用来斋戒沐浴的封邑，称为"汤沐邑"。专门为沐浴划出属地，可见沐浴在当时是多么神圣。沐浴被纳入"孝"也是从西周开始的。西周规定了沐浴的具体细节：例如，一天洗几次手、洗澡后用细葛巾擦拭上身、用粗葛巾擦干下身……平民家庭也不能轻视沐浴，子女每三天要烧一次水为父母洗头，每五天要烧一次水给高堂洗澡。此外，还规定丈夫不能和妻子共用一个浴室或澡盆等。

汉代的"沐浴"成为公职人员的一种"福利"，东汉《汉官仪》载："五日一假洗沐，亦曰休沐。"也就是说，汉代官员每工作五天，便可以有一天假期沐浴更衣，回家团聚。

"五天工作制"始自汉朝，古人把休假叫"休沐"，"每五日洗沐归谒亲"。(《史记》)外地官员，从家骑马出发，到长安郊区，把马寄养在朋友家，上班五天后再取马回家。在衙门工作的这五天并不自由，他们不得随意外出，也不能做与上班无关的事儿。

● 文吏系列

从两汉历史发展的情况看，酷吏大多来自明习法律者。例如，《史记·酷吏列传》中所载杜周、张汤皆出身狱吏，通晓法律。汉代文吏对法家思想推崇备至，崇尚法家"以刑杀为威"的理念。汉武帝年间，杜周为廷尉，郡守以上的二千石官员，趋之若鹜地"体验"监狱生活，单单有过监狱生活经历的高级官员不下百余人。当时"廷尉及中都官，诏狱逮至六七万人，吏所增加十有余万"。(《汉书·杜周传》)

东汉光武帝年间的樊晔，任天水太守期间"政严猛，好申韩法，善恶立断，人有犯其禁者，率不生出狱"。(《后汉书·酷吏列传》)樊晔崇尚申不害、韩非子的学说，他治狱威严、宽进严出的行事作风，让进了监狱的人就别想轻易出来。

建初年间的周纡好韩非之术，他在任博平县令时，"收考奸藏，无出狱者"。建初年间，迁为渤海太守，"每赦令到郡，辄隐闭不出，先遣使属县尽快刑罪，乃出诏书"。周纡每遇皇帝大赦天下时，常常大气都不敢出，加班加点监督属县行刑的速度。等自己辖区监狱里的那些罪犯处置得差不多时，才如释重负地掏出皇帝的诏书宣读。

阳球也好"申、韩之学",九江盗贼蜂拥乱窜,上任九江太守时,他想尽各种方法打击不法分子,连位高权重的官员也不放过。阳球做司隶校尉时,皇帝身边的红人王甫、曹节横行无忌,阳球觉得有必要收拾一下这些人,毕竟自己也是级别很高的官员,不执行权力对不起天地、对不起祖宗,更对不起自己头上这顶乌纱帽。这些横行无忌的人没想到自己居然被阳球以迅雷不及掩耳之势抓到了洛阳狱,刚想在对簿公堂时讨点巧,就被一顿乱杖打死了。不只如此,就连尸首也被戮尸城门外。

汉代循吏多为明经者出身,他们在审理案件时与酷吏不同,多通过教化的方式而非严酷的刑罚。"谢承书曰:宽少学欧阳尚书、京氏易,尤明韩诗外传。"(《后汉书·刘宽传》)儒生刘宽在任南阳太守时,宽容爱民,少用刑罚,即使官吏有过错也仅采用鞭刑,以示警诫。

仇览上学时就老实巴交、沉默寡言,大学毕业后熬到40岁,县府补任官吏,任蒲亭长。他崇尚以德服人,县里有个名叫陈元的男孩非常叛逆,作恶多端,把老母亲气得多次到仇览处投诉,仇览觉得有必要管教一下陈元,便把他唤来开会,让他反思自己这么多年的所作所为是否对得起含辛茹苦为他操碎了心的老母亲。"久经沙场"的陈元以为仇览又会抽他几鞭子,没想到这个仇览竟如此温和,谈话结束后,仇览拿出一本《孝经》作为礼物,让陈元回去好好读读。这一举动触动了正处于叛逆期的陈元,他向母亲谢罪:"少孤,为母所骄。谚曰:'孤犊触乳,骄子詈母。'迄今自改。"后来,陈元成了品学兼优的青年。

司马迁是集史学家、文学家、思想家于一身的官吏,而他最真实、最接地气的身份则是一名档案工作者。司马迁的父亲司马谈在弥留之际，执子手而泣曰："予先周室之太史也，自上世尝显功名。"西周、春秋时期的太史，掌管起草文书和国家典籍，是策命诸侯大夫记载史事、编写史书的朝廷大臣。司马迁的祖上世代掌管朝廷档案，司马迁继任太史令，秉承其父遗志，管理国家档案，发奋著书。

《前汉书·司马迁传》载："维我汉继五帝末流，接三代业。周道废，秦拨去古文，焚灭诗书，故明堂石室金匮玉版图籍散乱。于是汉兴，萧何次律令，韩信申军法，张苍为章程，叔孙通定礼仪，则文学彬彬稍进，诗书往往间出矣……百年之间，天下遗文古事靡不毕集太史公。"司马迁不仅重视档案的搜集和保管，更重视对"石室、金馈之书"档案的研究和利用。

文翁

文翁，名党，字仲翁，西汉循吏。他为官清正仁爱，举贤兴教，励精图治，班固对其推崇备至，列为《循吏传》第一人。循吏指"奉职循理"或"奉法循理"的官吏，在班固看来，循吏是德才兼备、仁义德行突出的官员，酷吏则不然，"其廉者足以为仪表，其污者方略教道"。

文翁在蜀地任郡守之后，从蜀中郡县政府机构选拔了一批素质高但地位较低的吏员到京城进修。他亲自担任教师，在短时间内突击培训，然后将这些吏员送往长安，让他们跟随博士学习儒家经典、律令。为了培养这些官吏，文翁努力压缩蜀郡财政开支，用省吃俭用攒下的经费购买蜀地特产，分发给去京城进修的吏员，让他们用特产换点生活费。两千年前的蜀地特产，无非是一些铁刀、织绸、金银器、漆器等产品，当时也没有那么便利快捷的交通工具，这些穷学生不仅要背着一箩筐的书籍，还要扛着沉重的蜀地特产，开启勤工俭学之路。

在文翁"带货"逻辑的教育下，学生们知道上学虽然不容易，但生活更辛苦，于是撸起袖子拼命学。最终，这些前往京城进修的吏员成长为优秀的人才，文翁对于自己的培养成果也甚是满意，不仅为自己默默点赞，还尽可能发挥余热，推荐这些学生为国家添砖加瓦，"蜀生皆成就还归，文翁以为右职，用次察举，官有至郡守、刺史者"。且后来不乏官至郡守、刺史等封疆大吏者，例如张叔，他不仅继承了文翁的衣钵，在《春秋》学术上也卓有建树。

素有"蜀道之难难于上青天"的蜀地，别说文化氛围了，就算识字者也寥寥无几，要想富，先学习吧！西汉汉景帝末年（约公元前141年），文翁"立文学精舍讲堂作石室"，成了当地第一所公立学校的校长。他在成都南门修起石室学宫，招募从长安学成归来的学者任教，还从社会上选拔家境贫困但成绩优异的学子入学。成都以外的"下县"招生，让编户齐民都有机会读书，为了能让学生安心求学，还为他们免除了徭役，一改先秦时期只有贵族才能上学的壁垒。

文翁每次出行，都不忘给手下的学生提供学习的机会，不仅能让这些"见习生"见证文翁的行事风范，有助于实际才干的培养，还能为这些学生提供宣讲教育理念的平台，广告效果惊人。"一石激起千层浪"，老百姓想跟着县长总不会错，都打算把自己的孩子送到这里接受教育，于是争相报名。

文翁也是个建筑奇才，他是历史上第一个大规模扩大都江堰灌区的官员，将蜀中水利工程体系拓展至湔江（沱江）流域，"穿湔江，灌溉繁田一千七百顷"。（《都江堰水利述要》）有效地防治了水灾泛滥，人民从重灾区贫困户成为产粮大户。

千里耳：赵广汉

赵广汉是昭宣时期著名循吏，以廉洁、谦恭和思路敏捷著称。地方举茂材，他被推为平准令，升过京辅都尉，代理过京兆尹。

赵广汉做过地方官，刚上任那会儿没人知道他的名字。杜建是当地一名官吏，在地方有豪族倚仗，作威作福。一次，他承包营建平陵工程时，按照以往惯例，依旧与地方豪族巧取豪夺、平分秋色，赵广汉对其提出忠告，杜建只当是耳旁风般轻描淡写地点头应承。赵广汉见其毫无悔改之心，便毫不客气"请"他入狱。事态恶化，杜建背后的一些大官都出面为他撑腰，赵广汉没好气地回怼："再有人为他说情开脱罪责，全家抄斩！"杜建被判弃市（即在闹市区对犯人执行死刑），赵广汉因不畏强暴而名震京师。

颍川地方豪强垄断，强强联手，搞霸王条款，门下云集了一大批宾客、打手，欺压百姓。朝廷派赵广汉出任县长，啃下这块硬骨头。为了搜集他们的罪状，赵广汉发明了一种名为缿筩（xiàng tǒng）的接受告密文书的竹筒，此物颈口小、容量大，有点儿像现在的信箱，告密材料投递进去后不易拿出，百姓们可以自由地检举豪族的罪行。缿筩果然发挥了作用，吏民竞相告密、检举。没过多久，乌烟瘴气的颍川消停多了，赵广汉受到百姓的一致好评。

为了更深入百姓生活，他又发明了"钩距法"，所谓钩距法可以被视为一种案件侦查方法，即"钩致其隐伏，使不得遁；距闭其形迹，使不可窥也"。诸如郡中的盗贼、罪行的轻重、幕后有谁指使、官吏受贿多少……

一次，湖都亭长回京师向赵广汉禀报政务，界上亭长临行前吩咐："到了京城，请代我问候赵君。"湖都亭长知道这是一句客气话，到了京兆尹府，汇报工作后累得昏头脑涨的他早忘了界上亭长临行前让他带的那句客套话。完成工作后他刚想去休息，却见赵广汉补充说道："界上亭长要你代好，为何不说啊！"湖都亭长此时的心里阴影面积可想而知。

我们常听礼贤下士，但似乎从未听过礼贤罪犯，赵广汉竟然成为礼贤罪犯的代表人物。富商苏回被人劫持作为人质，官吏到劫匪家门口，对他们喊话："京兆尹赵广汉非常感谢二位没有杀害人质，他希望你们释放人质，束手就擒，坦白从宽！若你们积极配合，我们大人会善待你们的。"劫匪听到这话，相信赵广汉会言出必行，马上开门释放人质。劫匪入狱后，赵广汉吩咐狱卒给他们吃小灶，派人酒肉伺候，两个人在监狱里度过了最珍贵的时光。行刑前，赵广汉还自掏腰包为他俩买了棺木殓葬。

对待一个劫匪赵广汉都如此实在，对待自己的宾客，就自不待言了。他的宾客私自在长安城卖酒，被丞相府抓了去。赵广汉本想摆平这件事儿，无奈能力有限，不仅得罪了丞相，蹲了牢房，还被降了职。赵广汉捉摸着家吏中定有告密者，于是他从监狱出来后就把嫌疑人"绳之以法"了。天下没有不透风的墙，这件事又被告到了丞相府，丞相决意严肃处理。

再次碰到死对头，黔驴技穷的赵广汉便挖空心思寻找丞相犯错的蛛丝马迹，赵广汉的亲信是丞相府的门卒，八卦说某年某月丞相府内一花季婢女自杀了！赵广汉怀疑此婢女是丞相的情人，丞相夫人因妒忌而杀死婢女。想到这里，赵广汉便心中窃喜，因此他找人话里话外旁敲侧击丞相，暗示你有把柄在我手里，别把我往死里逼，否则吃不了兜着走。魏相置若罔闻，继续认真审查赵广汉犯罪的证据。

一不做二不休，软的不行就来硬的，赵广汉选了个丞相不在家的日子，亲自带兵闯进丞相府，让丞相夫人跪下承认杀死婢女一事。丞相夫人毕竟也是见过世面，没有被恐吓，最后赵广汉只得抓走十几名婢女拷问。魏相回来后得知此事，忙颤抖着手誊写报告："赵广汉多次犯罪，本伏法，如今又制造冤案，逼我认罪。愿皇上明察。"汉宣帝把此案交给廷尉审治，丞相夫人虽是被告，但原告却找不到她任何犯罪证据，被害人已死，就算有知情人也没人愿意为了一个丫鬟自断后路，于是整个丞相府口风一致，说婢女是自作自受，因犯有过失受责后心理承受能力太差而选择自尽。案子以赵广汉诬陷当今一品丞相，被判腰斩剧终。

赵广汉任京兆尹时，土豪们的行为有所忌惮，百姓得以过几天太平日子。他受刑那天，长安城数万吏民为他送行，很多人都愿代他去死。

● 退休

古代人称"退休"为"致仕"："致"，送给；"仕"，做官。因为江山是皇帝的，臣民只是借着官位帮皇帝料理政务，最终还是要将官位交还给皇帝。《礼记·曲礼》记载："大夫七十而致事。"由此可知，汉代官员致仕的年龄大多是到70岁，而《白虎通义·致仕》对此则进一步解释曰："七十阳道极，耳目不聪明，跛跨之属是以退之。"官员到70岁的时候耳不聪、目不明，走路也不方便，于是就只得请求退休颐养天年。但只有二千石以上的高级官吏，相当于中央的光禄大夫和地方的郡守或丞相以上的高级官员才有申请退休的资格，中下级官吏没有资格享受退休待遇。

关于官吏致仕的年龄，汉代没有统一的法令。汉初，八十多岁的"商山四皓"依然辅佐太子。那时多大年纪退休，当多少年官，不是自己能决定的，而是寿命说了算。连年的战乱加之物资匮乏，平民百姓活几十岁都是奢望，更别说长命百岁了。历数汉代四百余年官中的寿星们：六十花甲之年者，仅汉高祖、汉武帝、汉光武帝三人而已；七十古稀之年者，仅主政五十四年的汉武帝一人；明争暗斗的汉元帝的皇后王政君能活到84岁，简直是个奇迹！

汉宣帝时期，疏广通经术，他的侄子疏受以贤良应选，均为汉宣帝器重，同时被任命为太子之师，成为汉代政坛一大新闻。叔侄在位五年，功成身退。疏广回到东海之滨的故乡，设酒宴邀亲朋及左邻右舍连日欢饮，将皇帝所赐黄金支出不少。约莫过了年余，子孙见黄金将尽，私托族中老者，劝疏广节约。疏广说道："我家本有薄产，子孙力耕，足以温饱。若再置产业，不仅无益，反而有害……皇上所赐，是惠养老臣。我今日告老还乡，乐得与亲朋好友聚饮，为何吝啬呢，疏广将余金用尽，以寿终。"疏广为官一任，修身自律，致仕后，仗义疏财，亲近乡邻，乐度晚年。

平帝以前，绝大多数有钱人才有资格当官，致仕之后皇帝也没有给他们安排俸禄，赏赐金银财宝只是偶然为之。西汉丞相于定国递交辞职信后，"上乃赐安车驷马，黄金六十斤，罢就第"（《汉书·于定国传》），这是汉代统治者对致仕的官员很高的赏赐。

西汉后期平帝元始元年（1年）在制度上发生了彻底的改变。如《汉书·疏广传》记载："天下吏比二千以上年老致仕者，三分其禄，以一与之，终其身。"《白虎通》亦云："在家者，三分其禄，以一与之，所以厚贤也。"如汉尚书郑均在位时为官清廉，"敕赐尚书禄以终其身"。

退休前，官员出差时按照身份不同，补助的标准也不同。级别高的官员所住酒店的级别就高，吃的也好，酒肉兼备；级别低的官员只有少许肉，且不能喝酒。

汉代官员父母去世回家奔丧需要请丧假的称之为"告宁""取宁"或"归宁"。如《汉书》卷一《高帝纪》记载，汉高祖在做亭长的时候经常告归到田间耕作。李斐注曰："告宁，休谒之名，吉曰告，凶曰宁。"《后汉书·陈宠传》记载，高祖临危受命，萧何则创立汉家体制，官员有宁告之分，就是有致忧的意思。孟康曰："古者名吏休假曰告。""宁"说的就是官员在家守家居丧。汉代非常崇尚孝道，官员的父母去世，他们能够名正言顺地请假三五年回家守丧。

官员们最后一次享受国家待遇是在薨卒后，会得到赗赠（即丧葬费）。"赗"指送给丧家料理后事的布帛、钱财等，《公羊传·隐公元年》曰"货财曰赗"。退休官员去世后，皇帝会赐钱、绢布、朝服、米粟、棺材等，以供祭祀和安葬之用。

醉卧沙场君莫笑：将军

汉朝继承并发扬了"勇于公战，怯于私斗"的战斗精神，朝廷最大的对手是游牧民族匈奴，他们骁勇善战、民风彪悍、弓马娴熟，自诩为"天之骄子"。匈奴地处北方，气候寒冷，人口抵不上汉朝的一个地级市，以长城为限，长城以北，多弯弓射箭之民，为少数民族所居；长城以内，多戴冠束带之众，为中原之所。

匈奴是夏后氏的后代，生于北方蛮荒之地，牧马、牛、羊、骆驼、驴、骡，随畜牧地点而迁徙。为寻找水草丰富的地方放牧谋生，他们居无定所，没有书籍，也不用上课。小孩子很早就会骑羊，拉弓射鸟，稍微长大一点儿，就能射杀狐狸、兔子，披甲骑马等体育运动成了他们的强项。他们的日常安排是：和平无战争时，放牧、打猎以维持生活；遇到紧急情况时，全民皆兵，操起弓箭，开启战斗模式。匈奴饮食以食肉为主，君王以下，以牲畜为主要食物，穿牲畜皮衣、披牲畜毛毡。他们不太注重繁文缛节，更注重实用性，年轻人利用价值高，可以吃好的食物，老年人就只能捡些剩饭吃。他们娶妻生子的目的就是繁衍子孙，父亲亡故，孩子可以娶后母为妻；兄弟去世，他们的妻子可以归其他兄弟所有，至于烦琐的人伦关系，他们根本不在意。

生活在中原地区的百姓就不一样了，他们平日农耕，到了打仗时，那些15岁至17岁的男性被赶到军队接受临时训练。人手实在不够用了，还会把久居深闺纺织的女子们赶出来，诱惑敌军，扰乱视听，"汉王夜出女子荥阳东门被甲二千人，楚兵四面击之"。（《史记·项羽本纪》）少数具有战斗能力的美艳女子负弓操矛，"关西诸郡，颇习兵事，自顷以来，数与羌战，妇女犹戴戟操矛，挟弓负矢，况其壮勇之士……"（《后汉书·郑孔荀列传》）

手无缚鸡之力的白面儒生，在生死攸关之际也展现了非凡的武艺。汉景帝时期，知名学者辕固得罪窦太后，被扔进了野猪圈，本以为辕固要一命呜呼了，没想到在千钧一发之际，辕固用汉景帝给的匕首一刀放倒了野猪。

西汉成帝永始四年（公元前13年），郡级武库配备的武器装备可供50万人以上的军队使用。尚武的两汉，名将数以百计，现在让我们一同来领略大将们的风采！

● 邓禹：开挂的人生不需要解释

光武帝心念汉室中兴之功臣，将以邓禹为首的28位将领的画像供于南宫云台。邓禹是光武帝刘秀身边最耀眼的猛将！23岁，任西征军总司令，全权负责平定关中事宜；24岁，官拜丞相（大司徒）、万户侯。

邓禹，字仲华，南阳新野人。13岁时，能够诵读《诗》，在长安拜师学习。物以类聚，人以群分，他在京师游学的收获是认识了刘秀，二人相处融洽。几年后，邓禹毕业返回家乡赋闲，听说刘秀安定河北，便立即驱马北渡追上了刘秀的车队。

故人相见，刘秀甚是高兴，很大气地对邓禹说："你大老远过来，想做官就跟我说一声。"邓禹摇头道："我不是为当官而来。"刘秀慨然允诺："要什么不妨直说。""我只想以我微薄之力，做你成功路上一块垫脚石，望你千秋留名，四海名扬！"邓禹道。

不愧是好兄弟，话直往心坎里说，刘秀开心地留下了邓禹。邓禹也不是吃干饭的，他先是帮刘秀分析了当今的局面："天下群雄逐鹿，却不知鹿死谁手，更始帝刘玄虽有点儿名气，但没有摆平江湖上的烂摊子，他的手下都是庸俗之辈，只顾着多捞点儿钱，没有什么忠良明智、深谋远虑，只顾混饭吃，不能身担重任。时下，我们可以好好把握这个千载难逢的机会，招募精英，效仿汉高祖，以你的资质，一定可以的！"听好话，谁都高兴，且邓禹说得头头是道，此时正是用人之际，刘秀直接封他为将军！

邓禹当上了将军后，名正言顺地出入军队，刘秀与邓禹走得更近了，俩人好到常在同一屋檐下就寝。邓禹漫天盖地网罗有识之士，终于收获几千民兵，他带领队伍抵达广阿县。一天，刘秀在城楼上翻出地图，对未来产生了质疑："天下的郡国无数，如今我们仅得到了巴掌大小的地盘，你看重我的原因是什么呢？"旁边的邓禹脱口而出："这世道太需要一位像您这样慈善的君主了，老百姓渴望您的出现，如婴儿渴盼母亲一般。"

此时，被大战小战折磨得有些郁闷的刘秀顿觉神清气爽，自此，他更把邓禹视为心腹，让其推荐人才。邓禹也不负所望，慧眼识珠，人尽其才，刘秀愈发觉得邓禹是个有眼力的人。

邓禹很幸运，年少时遇到贵人刘秀，想不成名都难，开挂的人生不需要解释：清阳交战，大获全胜，生擒敌军大将；蒲阳大战，连连获胜，北州成囊中物。

建武元年（25年）正月，邓禹率军准备从箕关进入河东地区，更始帝的大将樊参率领兵士几万人与王匡、成丹、刘均等合并十万余兵力连番攻打邓禹，邓禹军队损失惨重。日暮时，邓禹没有撤兵，而是驻扎城外。次日，癸亥日，为六甲凶日，为图吉利，敌方不愿出兵，邓禹军队有了喘息的机会。第三天，战争开启时，邓禹斩杀了对方多名将帅，收缴了六枚符节、五百印绶及兵器等物，成功平定了河东地区。当月，刘秀在鄗地继位，任命邓禹为大司徒，这一年邓禹年仅24岁。

邓禹不仅深得皇帝厚爱，在百姓中人气也很旺。邓禹带军入夏阳时，他的口碑极好，城中的百姓热烈欢迎，就连老弱病残者都相互搀扶前来迎接他，归降者一日上千人，总人数达百万。战后街巷满目疮痍，邓禹经常停车驻足下来慰问、劝勉百姓，大家都很喜欢这个年纪轻轻、充满活力又不摆架子的将军，垂发未冠的幼童、银发苍然的老者都不时地围在邓禹车前。

建武十三年（37年），天下平定，褒奖的帷幕徐徐展开，光武帝不仅册封邓禹个人，连他的家族成员也得到晋升。

邓禹不只是靠一时的运气上位，论道德也配得其位，他心地善良、仁厚淳朴，对母亲也很孝顺。

邓禹年轻时便名利双收，或许该有的都有了，无须再去煞费心机争求外物，于是邓禹走上了内修家风的路线。邓禹的13个儿子，各自研习一门经学。

光武帝赐他大司徒一职，随皇帝一同设坛祭祀。汉明帝刘庄即位，拜为太傅，觐见时可以东向站立，很是尊宠。邓禹重病卧床时，汉明帝刘庄前来探望，为了抚慰他，明帝任命他的2个儿子为郎官。永平元年（58年），邓禹去世，谥号"元侯"。

● 李广：我离成功只差一点儿阴德

"飞将军"是匈奴人给李广起的称号。李广是一名神箭手、擅飞马作战，匈奴人闻之色变。他勇猛绝伦，吴楚军时，为骁骑都尉，他清正廉洁，让人记忆犹新。"君不见沙场征战苦，至今犹忆李将军"（高适《燕歌行》）；"但使龙城飞将在，不教胡马度阴山"（王昌龄《出塞》）；"更催飞将追骄虏，莫遣沙场匹马还"（严武《军城早秋》)，这些诗句都是在说他。

李广没有文才和口才，他靠自己的一言一行感动士兵，而并非用法度约束。李广为汉文帝刘恒卖命卖力、冲锋杀敌，却只荣膺"生不逢时"作为回馈；汉景帝刘启只当他是扼杀匈奴的普通武夫，派他去最危险的地方和强悍的匈奴人对峙，好不容易虎口脱险逃回国，却被贬为"平民"。

李广是一位很努力的将军，直到晚年还在随大将军卫青讨伐匈奴，但卫青听从汉武帝诏令，派李广跋山涉水绕弯路会合，致使军队迷路。卫青派长史带着干粮和酒"慰问"李广，顺便责问李广带军迟来的原因，见李广忍气不答，便责令李广幕府的人员去受审对质。李广说:"校尉们没有错,是我自己迷了路。我现在亲自去受审对质。"到了大将军幕府,李广对他的部下说:"我跟匈奴作战七十余次,如今有幸和单于交战,本来可以在主战场,他们却调我走迂回绕远的路,致使中途迷路,难道不是天意吗!我六十多岁了,不愿再被拉去监狱兴师问罪了!"遂拔刀自刎,部下痛哭,连素昧平生的百姓也为李广落泪。

李广出身将军世家,先祖李信任秦朝的将军,曾追击捉到燕国太子丹。李广家世代习箭,匈奴大举入侵上郡,一名跟随李广学习军事的宦官率领几十名骑兵同3个匈奴人交战,3个匈奴人回身射箭,不仅射伤了宦官,还几乎杀光了骑兵。宦官跑回李广那里,李广判断这一定是射雕的匈奴人。于是他带领100名骑兵去追赶,3个匈奴人徒步几十里,李广命令骑兵左右分开包抄,亲自射杀2个人,活捉了一人质问,果然此人正是射雕的人。

把活捉的匈奴人绑好准备打道回府时,却发现远处空降了几千名匈奴骑兵,他们早就发现了李广,只是困惑他在光天化日之下带几个小兵就敢出来,不是活腻了就是圈套,匈奴兵跑上山摆阵蓄势。

此时,兴高采烈生擒1个匈奴人的骑兵们恨不得立即插上翅膀飞回营地。关键时刻,李广略一思考:现在距离大部队几十里远,我们区区百名骑兵,匈奴追杀我们是分分钟的事,既然跑不了,不如将计就计,装作是前来诱敌的,他们一定不敢轻举妄动,现在我们继续向匈奴阵地前进!到了离匈奴阵地还有二里远的地方,骑兵们解下马鞍躺平。虽然躺下了,但他们还是瑟瑟发抖,敌人近在咫尺,人多势众,假如此时走过来消灭我们怎么办呢?李广说:"我们现在卸下马鞍做样子给他们看,来证实我们后边有大部队,这样他们就不敢为所欲为了!"

匈奴骑兵终于不敢进攻,只一位骑白马的匈奴将领出阵前来试探,被李广和十余名骑兵射杀了。这时适逢黄昏,匈奴军队犹豫不定,虽觉得怪怪的,仍不敢采取任何行动。到了半夜,见李广一行人还没走,就更加确定他们后方有大部队,反倒先行撤退了。第二天早上,李广带着骑兵们顺利返回了大本营。

李广任将军时,从雁门出发攻打匈奴。敌方人多,很快打败了李广的军队,李广也受了伤,被敌方活捉。敌方对李广大名早有耳闻,见其伤势不轻,就把他安置在两匹马中间的网兜上躺着。李广佯装昏死过去,走了十多里时,他斜眼看到旁边一名骑着良马的匈奴少年,李广找准时机,推下少年,跃身上马,策马南奔几十里,追上剩余部队,进入关塞。匈奴出动几百名骑兵追赶,李广边走边战,射杀追击他的骑兵,才得以逃脱。回到京城,李广此战损失太大,自己又被敌人活捉,法官判其死刑,李广出钱赎了死罪当回平民。

在家闲居了几年,由叱咤风云的将帅到普通百姓的巨大落差让李广感知了人情冷暖。他和灌婴的孙子灌强隐居在蓝田南山中,常一起打猎。李广曾带马奔赴田间酒局,路过霸陵亭,霸陵尉喝醉了,他喝令李广不准通过。李广的随从说:"这是前任李将军。"亭尉丝毫不给面子:"现任将军尚且不能夜晚通行,更何况是前任将军呢!"当晚,李广和随从停宿在霸陵亭下。不久,匈奴入侵杀害了辽西太守,打败了韩安国将军,天子重新征召李广,任命他为右北平太守。

不是不报,时候未到。想起霸陵尉当时那副不可一世的嘴脸,还有自己夏夜漫漫被蚊虫叮咬露宿街头的情景,李广郁积于心,他邀请霸陵尉回到自己的军营，一到军中，就杀了他。

李广为人慷慨，经常将得到的赏赐分给部下，从没因自己是将领而耍官威，平时和士兵们同甘共苦。但他屡立战功，却不得提拔，二千石俸禄的官做了四十余年，无意经营产地，家族开销又大，没有多少积蓄。李广身材高大、两臂如猿，善射箭，但口齿迟钝，很少说话，除了喝酒和射箭，也没有别的爱好，他经常做的就是演习排兵布阵，有时候根据射中的行列来定罚谁饮酒。

李广不说大话，只用行动诠释他的胸怀和仁爱。带兵跋涉，缺粮断水时，发现水源后士兵没有饮遍，他就不靠近水边；士兵没有吃上饭，李广就一点儿不吃，士兵们很喜欢这个不善言辞却宽厚和缓的领导。他射箭秉承箭不虚发的原则，敌人到几十步以内才发射，箭所到之处，敌人随弓弦而倒。但有时也会失手，也多次被困受辱，射杀猛兽也偶或遭袭。

元朔六年（公元前123年），李广又任后将军，跟随大将军卫青的军队攻打匈奴。将领们凭战功加官晋爵，却没有李广的份儿。

李广的堂弟李蔡才干居中下等，无论名声还是实力都无法与李广比拼，但位列三公。李广不会卑躬屈膝，因此官场之路很不顺利，不少昔日部下的职位都超过了自己。深感压抑的李广找星象家王朔谈心，吐露满腹苦水："自从汉朝攻打匈奴以来，我没偷过懒，每场战斗我都参加，一起参战的低等军官才能一般，几十人都被封侯了。无论是武功还是才智我都不比别人差，到最后一点儿封地也没捞到，这是为什么呢？难道我命中不该封侯吗？"王朔也很纳闷儿，他问李广做没做过什么损害因果功德的事情，李广说："我做陇西太守时，羌人有一次造反，我用空头支票承诺引诱他们来投降，八百多羌人投降了。我本想按照许诺放了他们，但想到这么多年来这帮夷人作恶生事，从来没消停过，还斩杀了我朝不少将士，好不容易逮着个机会，我一气之下就把这批投降的羌人都杀了。我李广为人坦荡，这是我做的最后悔的一件事。"

王朔找到了病根，说："问题就出在这里，杀害已经投降的人那是损耗阴德的大事，几百条生命就这样付之一炬，那些冤亲债主怎么会安心呢？"

● 韩信：要命的"天真"

西汉王朝的开国大将韩信，早年是项羽的部下，他不被赏识，后经慧眼识珠的萧何引荐，才被刘邦接纳，凭借智慧和武力并存的资质，帮助刘邦平定天下。他的逸事也被编成了成语，"胯下之辱""一饭千金""背水一战""明修栈道，暗度陈仓"，让人们对这位风度翩翩的大人物记忆颇深。

秦末年间，天下大乱，一时间各路英雄豪杰揭竿而起，先是陈胜、吴广起义，再是项梁大将军推翻暴秦，各路诸侯纷纷响应。时势造英雄，韩信就出生在这样的大局势之下。韩信是淮阴人（今淮安市淮阴区），出生时家境穷困。穷困不是错，但他却懒得动脑筋做买卖摆脱贫穷，务农之类的体力活儿自是不愿意沾边，走东家窜西家，总去别人家要点剩菜剩饭。有好心人看重他是个练武奇才，譬如南昌亭长，他打算邀请韩信来家里蹭饭，但亭长妻子对丈夫的想法始终不能理解。天下没有免费的午餐，无限期提供一个彪形大汉的餐食，这无疑是将到手的银子打水漂，一个壮年男子连饭都吃不起，日后还指望他有什么出息？几个月以后，亭长的妻子终于忍无可忍，把吃饭的时间提前了几个小时，这样韩信来时就吃不到东西了。韩信虽然生气，但也不傻，他低估了自己的饭量，也高估了他人的包容度。

逼到最后，韩信将目光锁定在钓鱼糊口上。钓鱼的那条小河，鱼没多少，人倒是不少，都是漂洗丝絮的妇人。韩信也是耐力十足，一心想做钓鱼达人的他有时一整天都钓不上一条鱼，有位老大娘看见韩信太饿了，每天剩下一口饭给韩信吃。几十天过后，老大娘的活儿做完要离开了，韩信临别赠言："好人必有好报，我将来一定会重谢您老人家的。"老大娘生气地说："公子不能养活自己，我是可怜你才给你饭吃，难道是希望报答吗！"

汉王五年（公元前202年）正月，韩信被封为楚王，定都下邳。功成名就后，韩信想兑现自己的诺言，他回到封地，召见了"剩饭之恩"的大娘，赏了她一千金。同时韩信也没忘记召见南昌亭长，给他一百钱，说："你不太地道，做好事要善始善终。"

韩信是个忍耐力极强的人，或者确切地说是个审时度势的人，他被地痞流氓围堵时，岂不想秒变超人把这些欺负他的人一网打尽？但他仔细打量后，发现为首的是屠夫的儿子，人高马壮、遗传基因强大，要是反抗没准儿伤得更重，自己没钱没势也不会有人为自己讨个公道。在面对徒手死磕和屈身钻胯这两个命题时，他淡定自若，坚信佛家"忍辱是福"的信条，从他人的胯下爬了过去，"猝然临之而不惊，无故加之而不怒，神色不变"。

定都下邳被封为楚王的韩信召来这位曾侮辱过他，让他在众人面前下不来台的壮汉。壮汉以为自己死期将至，悔不当初，没想到韩信以德报怨，对各位将相说："这位壮士当初侮辱我时，我难道不能杀死他吗？（好悬没下手）但小不忍则乱大谋，我没有逞匹夫之勇，才有今天！"结果，韩信不但没杀他，还任命他做楚国的中尉。

有忍，源于有所图，韩信一直在激发自己的潜能，希望自己的才华被有识之士赏识，他马不停蹄地投奔各处献计献策，再不是静待施舍的少年。秦二世元年（公元前209年）九月，项梁、项羽起兵响应陈胜、吴广的大泽乡起义，韩信参加了义军。次年，项梁战死，韩信追随项羽，因不满意"郎中"这个官衔，选择投奔刘邦。

韩信在刘邦的部队里担任接待宾客的小官，一次他犯了法，眼看就要被判处斩刑，同案的13个人都已经被斩，轮到韩信，韩信抬头仰视，与滕公夏侯婴对望，他淡定地看着眼前这位爷说："汉王是日后登基皇帝之位的大人物，为什么要斩杀壮士啊！"滕公想这小子一语中的，临危不惧，相貌威武，定不是凡夫俗子，便饶了韩信一命。

夏侯婴与刘邦是老乡，都为沛县人，他是沛县马房里掌管养马驾车的马夫，每当他驾车送完使者或客人返回沛县泗水亭时，都要找刘邦聊聊。他二人很投缘，一聊就大半天。

后来，夏侯婴做了县吏，跟刘邦舞刀弄棒开玩笑，被误伤了，有人将此事告到官府。刘邦身为亭长，伤了人要从严判刑，但他狡辩自己没伤人，夏侯婴也很配合地做了伪证，证明自己没有被弄伤。可身上的伤口不会骗人，谎言不攻自破，因受刘邦的牵连夏侯婴被关押了一年多，还受鞭笞刑数百下，刘邦则免于刑罚。

刘邦彭城大败项羽被追击，乘车马急速而逃。半路遇到了自己和吕后生的一对子女——后来的汉惠帝和鲁元公主，夏侯婴自作主张把两个孩子救上了车。此时，马已跑得十分疲乏，敌人还紧追其后，刘邦觉得两个孩子简直就是累赘，好几次将他们踢下车去，但每次都是夏侯婴下车把他们救上来，再继续驾车，气得刘邦十几次想把他杀掉。后来，汉惠帝和吕后非常感激夏侯婴，就把紧靠在皇宫北面的一等宅邸赐给他，名为"近我"，意思是说"这样可以离我最近"，以表当年舍身相救之恩。

夏侯婴对韩信印象不错，韩信也很敬重他，常一起闲聊。夏侯婴将韩信推荐给刘邦，后韩信升为治粟都尉，负责管理粮饷。

阴差阳错，韩信遇到了生命中另一位贵人——萧何，萧何看好韩信，又将他推荐给刘邦，但刘邦没有继续提拔他。适逢刘邦被项羽部队排挤到汉中，沿途很多将领都觉得再跟随刘邦也没什么意思，便如鸟兽散各奔高枝。

觉得没有任何晋升前景的韩信，也认为没什么必要待下去了，便夹着包裹偷偷溜了。萧何听说韩信跑了，来不及将情况告知汉王，就亲自去追赶他。外人以为萧何跑了，便将此事报告给了汉王，汉王恼羞成怒，失去了萧何就如同失去了左右手。过了一两天，萧何追回韩信，回来拜见汉王，汉王又生气、又高兴，责问萧何："你为什么逃跑？"萧何说："我不敢逃跑，我是去追逃跑的人。"汉王说："你去追的人是谁？"萧何说："韩信。"汉王骂道："将领们逃跑的数以十计，你偏偏追韩信，打量着骗我呢！"萧何说："韩信跟其他人不同，这样的人才打着灯笼找不着第二个，大王如果只想称王，韩信没什么用；如果您想开疆拓土、争夺天下,韩信是最佳的人选!就看大王有什么打算了!"汉王说:"我当然想更上一层楼,怎么能被困在这个小地方呢?"萧何说:"大王若能任用韩信,韩信就留下来;不能任用,韩信终究要跑的。"汉王说:"看在你的面子上,派他做将领!"萧何说:"这个官位有点儿配不上他!"汉王考虑了一下,才加了筹码,道:"那就做大将吧!"

萧何没有让汉王马上任命韩信,理由是韩信喜欢礼貌的君主。汉王大费周章,择了吉日良辰,进行斋戒,升韩信为大将军。册封之礼甚是隆重,不像是给自己找了个帮手,好似大张旗鼓地摆了场婚宴,就差拜天地这一环了。

接下来的日子,韩信也对得起刘邦的期待和赏识,他为刘邦创造了不少战绩。汉高祖元年(公元前206年),刘邦准备从汉中进取关中,但此时他却犯了难,关中秦军戒备森严,地势险要,易守难攻,韩信遂向刘邦献上"暗度陈仓"之计:大将灌婴、樊哙带兵大张旗鼓地在陇西地区修建栈道,假装要从陇西攻击关中,试图让秦军相信栈道没修好之前自己不会轻举妄动,从而放松警惕。背地里,韩信带领一支奇兵,偷偷穿越秦岭古道,一举拿下长安城,留下"明修栈道,暗度陈仓"的千古奇谋。若没有韩信这招,刘邦带领的队伍不知道要与对方对峙到什么时候。

公元前205年,刘邦趁项羽平定齐国之乱后方空虚之时,率领几十万人大举东进,被项羽的几万骑兵冲散,折损过半,陷入重围。在这千钧一发之际,韩信带领走投无路的残军败将杀出一条血路,稳住局势。

同年,被刘邦任命为左丞相的韩信采取声东击西的战术俘虏了魏豹（秦末汉初时期群雄之一）。其后一顿神操作，又演绎了"背水列阵""拔旗易帜"等经典战役。后又出招劝降燕国，免除了一场劳民伤财的恶战，于公元前203年平定了齐国。

此后，韩信、刘邦及项羽形成了三分天下的局势，韩信也成为项羽和刘邦争相拉拢的对象。韩信感念刘邦的知遇之恩，面对楚国说客不为所动，并与刘邦大军一起南下合围楚军，韩信觉得功高要封赏，刘邦听了张良的计谋，封韩信为"齐王"，顿生嫌隙。

韩信还是太年轻，论将兵能力他不在刘邦、项羽之下，但功高过主，不知道低调隐退。刘邦看在眼里，记在心上，在敷衍满足韩信称王的要求后，借故改封他为淮阴侯。虽然换作谁都难免郁闷，但在深不见底的官场，韩信居然把内心的不快淋漓尽致地表现出来了，连名将樊哙请韩信到府上喝酒，他都拒绝了。

多少人想拉拢韩信让他离开刘邦，陈豨和蒯通都曾大费口舌，但韩信觉得自己跟随刘邦这么久，突然转投他们不太地道，"王者封号"被拿掉的那一瞬，他有失望落空之感，这种落空是理所应当，而不是个意外。韩信的大意在于，当野心蠢蠢欲动时，没有揭竿而起的决心。公元前196年，一代战神韩信被吕后设计杀害了。这一年，韩信35岁，距离当年拜将授信时不过十载。

● 赵充国：打仗也别耽误干活儿

西汉名将赵充国原为陇西上邽（今甘肃省天水市）人，匈奴人血统，熟悉匈奴和氐羌的习性。汉武帝时期，随贰师将军李广利出击匈奴，率百壮士突围，被拜为中郎。甘露二年（公元前52

年），赵充国去世，享年86岁，谥号"壮"，为"麒麟阁十一功臣"之一。汉宣帝因友邦朝贡，念及11位股肱大臣，找画师为他们画像，挂在麒麟阁，题霍光为"大司马、大将军、博陆侯姓霍氏"，顺次是张安世、韩增、赵充国、魏相、丙吉、杜延年、刘德、梁丘贺、萧望之、苏武。

天汉二年（公元前99年），赵充国跟随李广利攻打匈奴，被匈奴大军重重包围。汉军断粮好几天，死伤很多，赵充国带领百余名壮士突破包围、攻陷敌阵，得以突围。赵充国身受二十多处重创，李广利把情况上奏汉武帝，汉武帝亲自探视他的伤情，见面之后，汉武帝说："壮士，听说你受了重伤，给我看看。"赵充国解开衣服，露出身上大大小小的伤口，汉武帝为之感动，任命他为中郎，后又升为车骑将军长史。后来，赵充国与霍光一同迎立了汉宣帝，被封为营平侯。匈奴发兵十余万，南下欲入侵。得到消息后，汉朝派赵充国率四万大军驻守边境九郡。匈奴单于听到赵充国率兵驻守，闻风丧胆，火速带兵离开。

赵充国奉汉宣帝之命去平定西北羌人动乱，以"招抚"的办法使得大部分羌军投降。但汉宣帝打算命他的副将出兵，赵充国极力反对，总结汉廷对羌政策失败时，说道："真是失之毫厘，谬以千里。"

羌人小规模的持续袭击，让汉军主力难以脱身，被迫长时间陷入"治安战"的困境之中。见此情况，赵充国向汉宣帝上书阐明了自己的"屯田计划"。利用兵士和农民垦种荒地，在驻扎的地区招募农民种地，这种措施叫作"屯田"。屯田制始于汉朝，盛于曹魏，有利于官兵养精蓄锐、安置流民、开垦荒地、恢复农业生产。

他建议朝廷屯田湟中（今青海湟水两岸），提出亦兵亦农，就地筹粮的办法，有"因田致谷""居民得并作田，不失农业""将士坐得必胜之道""大费既省，徭役预息"等十二种好处。但他的主张却受到朝廷大臣和汉宣帝的一致反对，不过赵充国依旧坚持自己的想法，反复上书主推自己的这一方针，直到令汉宣帝和大多数朝臣折服。

赵充国认为，打仗是件劳民伤财费力不讨好的事，他算了一笔经济账，道："参战人马，一个月要用粮谷199630斛、盐1693斛、干草秸秆250286石。除了战争烧钱外，如果一不小心战败，其他蛮夷落井下石来欺负大汉，情况就会更加棘手了。

"羌人荒废的田地，再加上可以开垦的土地，有2000顷左右。当初我们设置的驿站也都被破坏了，我前些日子派兵进山，砍了大大小小60000余棵树，放在河边。10281名骑兵每个月吃喝拉撒睡太费钱，不如让他们驻扎在要害之地，等冰雪融化，就让他们顺水运木头，这样既可以修缮驿站疏通沟渠，还能逢水建桥。

"给骑兵等每人分20亩地耕作，到了4月草长出来以后，再从附近郡县征集本地骑兵和胡人骑兵各1000人，每10人配上2匹马，让他们作为耕田人的巡逻大队，保卫大家的安全，以后朝廷就不用运这些东西了。"

关于汉宣帝撤退骑兵，留10000人屯田的建议写的固然不错，就是不知道效果如何。汉宣帝问道："如果按照将军的计策，几时能消灭敌人？"

赵充国见皇帝有支持自己的意思，八字终于有了一撇！得好好把握这次机会，就把自己的理由详细地说给皇帝：

"臣听说，军队作战最好的结局是，以最小的损失得到最终的胜利，要多在战前准备上下功夫。其实打仗这个东西，不一定百战百胜就是最好的，能不打就不要打了，既然要打，就不要白打，最起码有必胜的把握和能力。

"羌人的生活习惯虽然和我们不一样，但他们也不喜欢真刀实枪、你死我活的战争，他们之所以打仗是因为没其他选择了，为了肥沃的土地和茂盛的草原，不得不开战啊！如果这个时候，您下令撤军不打了，只留下10000人屯田，这些羌人求之不得！您放心，一年之内，羌人必归顺！"

在赵充国的不懈坚持下，"屯田制"被接纳和发扬，后世也将这项方针政策传承下去。

曹操对屯田制是非常赞成的，《置屯田令》云："夫定国之术，在于强兵足食，秦人以急农兼天下，孝武以屯田定西域，此先代之良式也！"

三国时期，诸葛亮也采取了分兵屯田的策略。234年春，历时三年的准备，诸葛亮发动了他人生最后一次北伐。他发明了流马运输粮草，当十万大军与司马懿在渭水相对峙时，同样采取了分兵屯田的方策，不打仗时士兵跟渭水沿岸的农民一起农耕，不但自给自足保障了物质供给，同时也发挥了余热，锻炼了身体。

● 马援：边塞不是人待的地儿

"滔滔武溪一何深，鸟飞不度，兽不敢临。嗟哉武溪多毒淫！"这首诗是马援62岁时南征武陵蛮时所作。武陵在湖南、贵州交界地区，为少数民族居住区，又称为"武陵蛮"或"武溪蛮夷"。此地穷山恶水、环境恶劣，先是武威将军刘尚攻打武陵，因山峻水险、瘴重疫行，全军覆没，马援自请出征。险阻重重的地区，鸟兽都不敢过去，尽管武陵如此恶险，将士们内心也一千万个不愿意，但他们还得咬着牙、硬着头皮坚持到底。当时马援已经拜将入相，功成名就后仍然亲自出征，他觉得不牺牲在战场上、不马革裹尸还，简直对不起社会、对不起自己。打仗成了马援的"职业病"，只要他有口气在，就要将战役进行到底。

范仲淹在诗作《渔家傲·秋思》中，极力渲染边塞地区的萧条寂寥。

塞下秋来风景异，衡阳雁去无留意。
四面边声连角起，千嶂里，长烟落日孤城闭。
浊酒一杯家万里，燕然未勒归无计。
羌管悠悠霜满地，人不寐，将军白发征夫泪。

雁是候鸟，每逢秋季，北方的雁都会飞向南方避寒，毫无留恋之意。秋天的边塞寒风萧瑟、满目荒凉，映衬出当事人急迫想离开的心境。

边塞傍晚的战地又是怎样的景象呢？周围被号角声包围，目之所及处"千嶂里，长烟落日孤城闭"（千嶂是像屏障一样的山峰）。千嶂、孤城、长烟、落日、边声、号角声等意象无不充斥着肃杀紧张之气，延州处于孤立状态，宋朝守军力量又薄弱，作为指挥部所在地的城门，太阳一落山马上就关闭起来。平日，将士们披荆执锐、弓箭随身，战战兢兢、格外小心。

将士们身负重任，抛家舍业地待在穷乡僻壤的荒郊野外，步步为营地防守危城，衣食住行都极其艰苦，铠甲上生了虱子、虮子，也不能随意脱掉，有时连喝口水都成了难题，更别说喝酒这样奢侈的事情了！

"饮一杯"浊酒的愿望看似平凡，但于距家"万里"之遥的边关而言，放下烦恼痛饮一杯只能在梦境中实现了。与塞外强悍人民的持久战，不知何年何月是个头儿，功不成，身不得退，直到永元元年（89年），车骑将军窦宪北伐大破匈奴，班固执笔，在漠北燕然山刻石记功。

深更半夜，本是酣眠入睡之时，西部羌族乐器扰得将士们心神不宁。天气寒冷，霜雪满地，在外征战的人难以入睡，无论是将军还是士兵都被这夜晚的霜雪染白了头发，仿佛一下子老了很多，想起这日复一日、夜复一夜的鏖战，想起每天担惊受怕、生死未卜的日子，将领们一时也悲从中来，默默流泪。

将军的成就大抵以征夫们度日如年的煎熬和挣扎为铺垫，一将功成万骨枯，戍边将士们的苦尽甘来，远不是皇帝一声令下那么轻松。

● 周亚夫：我有印，我怕谁？

印章的起源可以追溯到原始社会时期的制陶工具——印模，智慧的先民用印模在陶上压花纹，在历时四百余年的两汉时期，汉画像石、书法碑刻、印章、雕塑盛行，形成了汉代雄浑朴厚的艺术画风。汉代印章以秦小篆为字体，仿效李斯的峄山、会稽、琅琊台、泰山等碑刻的雄厚质朴的风格。

汉代印章继承和发扬了秦代的风范，结合儒家中和的思想，"规矩方正、平稳沉雄"，依旧沿袭了"摹印篆"的文字，在技法上更加平稳。汉代印章注重实用价值，其功能与战国玺印相似，广泛运用于国事和战事上，印章白文凿印多保留有边栏，中间处隔有十字或一字边栏，印文整齐落在方格中，体现了儒家所倡导的"中和之美"。

早期，掌管军事的官职称为"司马"，天子只有六军（每军12500人），诸侯最多不超过三军。各军的统帅称为"卿"，卿以下官职称"大夫"（师），大夫以下称"士"。春秋时期，诸侯为了称霸不断增加兵力，大国诸侯常常拥有三军以上的兵力，设"三卿"，扩充军的统帅称为"将军"，意为将领一军。

作战时，军队由一人统率，在所有将军中选拔出"大将军"或"上将军"来负责指挥全局。到了汉代，军队数量更为庞大，"大将军"人数增多，出现了"骠骑将军""车骑将军""卫将军"等级别，自此之后，各朝将军的名称虽不尽相同，但层级细密。

"将军印"往往是在行军中临时任命、以刀在印面上刻凿而成，又称"急就章"。制作将军印的方法是凿制，在金属印坯上击凿印文，由于军事活动频繁、武将调遣太多，往往是在军情紧急的情况下仓促凿成。官职高的凿成文，比较规整；官职低的凿成文，则简单随意。

"将军印"以直线为主，刻凿猛利，疏密有致，印上文字数量多寡不等，章法上匀整自由，文字排列随意，虽不够精工，却错落有致。

周亚夫是西汉功勋卓著的将军,以军纪严明有方、战绩英勇卓越闻名。公元前158年,匈奴大举入侵边境,边塞危急,汉文帝派周亚夫任将军,驻军细柳(今陕西省咸阳市西南)。有一次,汉文帝刘恒率众朝臣去细柳军营慰问,但却被拦在军营之外,只因文帝没有出示"将军令牌"。当时的气氛有点儿尴尬,无论皇帝旁边的亲信如何反复告知来人是皇帝,但身披铠甲、手执武器的士兵就是纹丝不动,还义正词严地解释说:"军中只听将军号令,不闻其他指令。"最后汉文帝不得不派使者持符节通知将军下令,文帝扬鞭策马进入大门,没走几步,又被卫兵拦下:"将军有令,军营内不许策马奔驰。"无奈文帝等人只好下马牵着缰绳缓缓前行。

刚入军营,周亚夫身着盔甲全副武装恭迎,文帝虽一天之内吃了多次"闭门羹",但还是大赞周亚夫治军的方式,匈奴也被周亚夫兵营的气场镇住了,不过多时,不战而退!周亚夫升为首都长安警卫军指挥官。

唐代诗人周昙将这则小故事写成诗:"上将风戈赏罚明,矛铤严闭亚夫营。人君却禀将军令,按辔垂鞭为缓行。"

妙手回春丹青手：医生

最早给人治病的"医"又称"巫"，春秋时期，"医""巫"通用。《春秋公羊传·隐公四年》何休注："巫者，事鬼神祷解以治病、请福者也。"古代医生有很多不同的称呼：为帝王及后宫妃嫔或上层官宦治病的称为"御医"或"太医"；周游乡间以摇铃招徕病家的称为"铃医""走乡医""串医""走乡药郎"；子承父业、世代相传从事医药职业的医生称为"世医"，所谓"医不三世，不服其药"（《礼记·曲礼》）；用画符念咒等方式催令鬼神治病的称为"巫医"。

医生还有"医工（上工、中工、下工）""医匠""先生""儒医""医士""杏林"等别称。宋朝时期，南方称医生为"郎中"，北方称医生为"大夫"，医生所任的官职、药名、地名、医术等也可以用来作为其代称。

《抱朴子》记载，巫术具有驱使、召唤鬼神的功能。巫医能以乐舞招引鬼神，其身体是鬼神的暂居之所，一旦被神灵附体，巫医就会产生幻觉，诸如味觉（味甚佳）、视觉（黑首）、嗅觉（焚香)、听觉(赞词歌颂)等。

医生在汉代的社会地位虽不如官员和士人,但比商人地位要高,医生可以被举荐去做官。例如,华佗就曾被沛相举为孝廉,也曾被太尉黄琬聘为幕僚。医生靠给别人治病谋生,若医术高超,赢得了"神医"的美誉,其出诊费及愈后的酬谢金都是一笔不小的收入。哪一行都不容易做,医生这个职业也存在风险,一旦误诊不仅会惹上官司,甚至可能搭上性命,正所谓"富贵险中求"。权贵们得了重病,请你去医治,你不去不行,去了治不好可能还会惹上灾祸。华佗就因为得罪了曹操而被关押,死于狱中。相比于华佗,淳于意的知名度可能小一些,但他的经历同样能说明汉代医生所面临的职业风险。

● 医闹事件

淳于意是临淄(今山东省淄博市)人,他从小喜欢医术,先拜师公孙光,因其曾任齐国太仓长,故又被称为"太仓公""仓公"。后师从公乘阳庆,因其没有儿子,公乘阳庆把自己毕生的医术都教给了淳于意,连秘方都没有保留。得到公乘阳庆的真传后,淳于意的医技飞升,后为人治病,决生死多验。

那些慕名上门求医的患者有时不能如愿找到他,对他颇有怨气。淳于意有时也会选择患者,他一是不愿意给已入膏肓的病人看,他知道治不好;二是不愿给权贵看,因为权贵们特别难伺候,治好了还好说,若没有治好则会归咎于医生。淳于意常躲出去,匿名为百姓看病。汉文帝四年(公元前176年),按照个性喜好行医的淳于意因故获罪，他被押解到长安受审，被判处以肉刑。

淳于意有5个女儿，临行前，他看着围聚而泣的5个女儿，叹息道："生子不生男，缓急无可使者！"小女儿缇萦听后十分伤心，决意随父西去。

到了长安，缇萦上书皇帝，替父亲求情："我的父亲是个好官，有清廉公正之名，如今他犯了法，理应获罪受刑。但人死不能复生，受了肉刑的人肢体也会残缺不全，即便他日后想改过自新，也没办法补救身体的残损了。我愿意做官府中的女仆，为父赎罪，让他有机会改过自新。"汉文帝是历史上有名的仁慈皇帝，他看了缇萦的上书后非常感动，觉得这个女孩孝心可嘉，深感对犯人施行肉刑确实太残忍。于是，汉文帝不但下令特赦了淳于意，还下诏废除了肉刑（如往犯人脸上刺字的黥刑、挖掉膝盖的膑刑等），这便是历史上有名的"缇萦救父"的故事。

● 病历

病历是医疗部门记录病人病情以及诊断和处理方法的档案。从西汉起，中国就已经有了世界上最早的"病历"，首创者就是淳于意。他目睹许多乡亲因无钱医病而离世，便产生了学医的念头。于是，在工作之余淳于意便四处搜寻药方、拜求良医，后来淳于意笃志医学，辞官归乡，专事医术，成了当时小有名气的医生。半路出家的淳于意心细如发，他在诊治过程中，总是把病人的病情和自己诊断处理的方法记下来，以备参考。这便是典籍中记载的"诊籍"，也就是今天所说的"病历"。

诊籍是中国医学史上第一部医案，也是世界医学史上最早的病例。淳于意发明的诊籍涵盖了当时的王公贵族和平民百姓，他诊病不分高低贵贱，一视同仁。诊籍格式涉及病人的姓名、年龄、性别、职业、籍里、病状、病名、诊断、病因、治疗、疗效、预后等。《史记·仓公列传》中记载了淳于意留下的25份病例，其中治愈15例、不治10例，涉及现代医学的消化科、泌尿科、呼吸科、心血管科、内分泌科、脑血管科、传染病、外科、妇产科、儿科。

诊籍中记有患者姓名、性别、职业、里居、病因、病机、症状、治疗、预后等内容，通过诊籍可以了解淳于意高超的医术，也可窥知西汉初年医学发展的水平。

诊籍中记有内、外、妇产、口齿等科的23种病症，其中以消化系统疾病为主。所论病因，以房事、饮酒为多，此外还有过食、寄生虫、过劳汗出、外感风寒等。淳于意精于望诊，多例病人是通过"望色"作出了确切的诊断。对脉诊他更有着丰富的经验，诊籍中记有浮、沉、弦、紧、数、滑、涩、大、小、代、实、弱等近20种单脉，其中有10例是单凭脉象判断生死。

诊籍的发明体现了淳于意实事求是、认真谨慎的从业精神。当汉文帝问他"治病决生死，能无全失乎"的时候，他没有闪烁其词，也没有虚张声势，而是老老实实回答："时时失之，臣意不能全也。"诊籍并不是一个人的辉煌邀功史，其中疗效不佳甚至死亡的病例也如实记载，这种品格是难能可贵的。

《史记·扁鹊仓公列传》详细记录了淳于意的许多医案和他的学术渊源，为我国古代医学发展史保存了珍贵的资料。

● 药酒

淳于意最擅长用药酒治病,他的传世作品《诊籍》一书里,曾记载过两则案例:一则是说济北王患了"风蹶胸满"之症,淳于意特地为他配制了药酒,结果济北王只喝了三天便痊愈了;另一则案例是说"菑川王美人怀子而不乳"(即难产),淳于意便让患者"饮以莨药一撮,以酒饮之,旋乳"。莨即莨菪,有镇痛麻醉的作用,用酒冲服则成了助产剂。

其实,药与酒结合治疗疾病的方法在殷墟出土的甲骨文中就有记载,《黄帝内经》中还专设有《汤液醪醴论》,论述了醪醴(药酒)与防治疾病的关系。在民间药酒是节日的庆祝饮品,如过年时饮用的屠苏酒、椒柏酒;端午时饮用的雄黄酒、艾叶酒;重阳时饮用的茱萸酒等,在特定的时节用来防病,以避瘴气,增强身体的抵抗力。在丰富的理论基础和日常生活习惯的基础上,对酒中成分进行了调整,将药酒应用于生活中。淳于意用药酒治病,为后世泡制药酒提供了成功的范例。

药酒虽好,也要根据不同体质酌情而饮。在气血不虚,没有风湿痹痛和肾阳亏虚的情况下,不必自泡自饮药酒。"酒"本身就是药,其效特殊,许多人并不胜酒力,患感冒、发热、呕吐、腹泻、高血压、糖尿病、痛风、皮肤病,以及部分心脑血管疾病患者、肝肾功能不全者不宜多饮,服用西药期间绝不可随意饮用药酒,西药与药酒同服,会产生严重的不良反应。

● 女中扁鹊——义妁

西汉时期,医事制度上专门设有"女医",古称"视产乳之疾者"。生活在公元前128年前后的义妁,悬壶济世、医术精湛,朝野共知。汉武帝将她召入宫内,拜为"女侍医",专为太后治病。汉代"太医令"是最高的医官,其下属包括女医,负责皇室女性成员的保健。

义妁跟历史上许多著名人物一样,自幼聪明伶俐,她尤其对民间医药有浓厚兴趣,遇有医生走村串户看病,她都会好奇跟随,静观医生怎样望、闻、问、切;听医生讲解深奥枯涩的医理时她不仅聚精会神的听讲,还不时地虚心求教。没事儿的时候,她就借一些医学书籍阅读,加之过人的天赋,义妁开悟很快,不仅学到了许多医药知识,而且能将其举一反三地运用于具体案例中。

义妁靠着所学帮助了村里村外很多人,她家也成了穷僻村子的诊所。有一天,外村抬来了一个肚子胀得像皮球一样的病人,义妁仔细诊断后,在病人的下腹部和大腿部位扎针,然后拿出一包自己研制的药粉撒在病人的肚脐上,并开了内服的汤药。三天后,病人腹胀消退,呼吸均匀,很快便痊愈了。自此以后,义妁的医名大噪。

后来义妁进了宫,成了太后的御用医生,很得太后喜爱,太后想要奖励她,就问义妁有没有兄弟姊妹需要提携,她却实事求是地婉拒:"有弟无行,不可。"她的弟弟义纵,从小不学无术,最后只能当盗匪。太后就喜欢这丫头的坦率劲儿,而且铁了心要提挈这位可爱的医师，最终还是把她的弟弟义纵推荐给了汉武帝。义纵由中郎一路高走到长安令、河内都尉和南阳、定襄太守等官职，在仕途上他秉承六亲不认、冷酷无情的作风，是汉武帝时期的酷吏之一。义纵治理河内地区"道不拾遗"，很得汉武帝赏识，但后来他抓捕太后亲属，打击另外一个酷吏宁成，此举得罪了不少人，外加没有及时维护前往甘泉宫的道路、阻挠告缗法等七零八碎的事件，最终他还是被汉武帝处死了。

《史记》没有为义姁单独列传，她能蜻蜓点水般地出现在史书中要感谢她颇有威名的酷吏弟弟。不论怎样，义姁都是我国历史上首位被记载的女医生，被誉为"巾帼医家第一人""女中扁鹊"。

● 违法的医生：淳于衍

淳于衍是汉宣帝时期的宫廷女医，负责皇后的健康。《汉书》中曾三次提及她，分别为《宣帝纪》《霍光传》《孝宣许皇后传》，之所以多次提及淳于衍，并非其重要，而是因为她陷入了当时一桩重大的宫廷阴谋之中。

淳于衍的身份是女侍医，当时也被称为"乳医"。"乳"在古代有"妊娠"之意，"乳医"相当于当时宫廷的妇产科医生，专门为皇亲国戚的女眷们接生，同时可兼治一些妇科疾病。淳于衍和当时的权臣大将军霍光之妻相熟，希望能为丈夫谋个好职位。

霍光之妻为了让女儿夺取皇后之位，欲谋害当时的许皇后。恰巧许皇后生产之后染上了疾病，于是霍光之妻利诱淳于衍，让她利用职务之便投毒，并许诺事成之后，与淳于衍共享富贵。淳于衍考虑再三，最后表示"愿尽力"。于是她把有剧毒的附子捣碎，掺入御医所制的药丸之中。许皇后服药后，头脑胀痛，胸中烦闷，终致死亡。

汉宣帝刘询（原名刘病已）是戾太子的孙子，受戾太子巫蛊案的影响，襁褓时期就流落监狱，成人后一直在民间生活。元平元年（公元前74年），昌邑王刘贺（海昏侯）被权臣霍光废黜，经过商议，霍光等迎刘询入宫，不久即位。刘询在民间时已娶了平民女子许平君为妻，欲立其为后。而霍光的妻子霍显开始谋划以联姻的方式巩固自家权威，想让汉宣帝娶其女霍成君并立她为后，满朝文武附和，"公卿议更立皇后，皆心仪霍将军女"。

《汉书》记载了这场阴谋：霍显决定除掉许皇后，为自己的女儿扫清障碍，淳于衍的丈夫想通过妻子向霍显求安池监这个职位，而霍显趁机向淳于衍和盘托出自己的计划，要她趁许皇后分娩之时，借职务之便给许皇后下毒，然后伪装成难产而死（古代妇女难产死亡率很高）。淳于衍被说动，参与了这场阴谋。

淳于衍携带毒药附子进入长定宫将其混在药丸中给许皇后服下，皇后服药后顿觉天旋地转，问："药中是否有毒？"淳于衍还强装镇定说："无毒。"不久，许皇后便毒发身亡。有司开始追究医者责任，但并未察觉是有人下毒，而是按照医疗事故进行追究，将所有相关医人全部收狱。

霍显此时担心败露，才将事情原原本本地汇报给霍光。霍光大惊，但为了保全自家，还是通过权力帮助淳于衍逃脱了。事情摆平后，才给了淳于衍赏赐，《西京杂记》记载是"蒲桃锦二十四匹，散花绫二十五匹"，还有"越珠一斛琲，绿绫七百端，钱百万，黄金百两。又为起第宅，奴婢不可胜数"。但据说淳于衍还曾抱怨："吾为若何成功，而报我若是哉。"

霍成君如愿以偿成了新皇后，并生下儿子，但汉宣帝还是立许皇后所生的儿子为太子。霍显大怒，故技重施，撺掇霍成君毒死太子。霍成君屡次召太子赐食，而太子的"保阿"（保姆）总是挺身而出先尝食，导致霍成君无法下毒。

霍光死后，汉宣帝开始逐步将权力收归己有，霍家感受到了极大的威胁。不久，许皇后之死背后的阴谋败露，霍成君屡次想毒死太子的阴谋也被揭穿，霍家被灭门，淳于衍也受到了应有的惩罚。

● 张仲景：我说的都是实话

张仲景（约150—219），南阳涅阳（今河南南阳）人，曾出任长沙郡太守。

张仲景出生时，正值东汉末年，由于长期战乱、瘟疫横行，家家有僵尸之痛，室室有号泣之哀，有的甚至整个村庄皆死、整个家族皆亡。张仲景的家族原有两百余人，在短短的几年中便死了三分之二，其中十分之七死于伤寒。

张仲景的外公原是县令，父亲是个员外，张员外一有空闲时间就将他抱坐在膝上，教他咿呀学语，张夫人也是出身书香门第。小仲景2岁时就能讲一些简短的童话，3岁时已认识几百个汉字，5岁时已能背诵成段的《诗经》《论语》。

张仲景认为当时许多人跟随权贵，依托富豪，唯名利是务，外表华丽，而内体多病，重视枝节小事，而忽视修身养性这个根本，结果必然是"皮之不存，毛将焉附"，必然致病损身，减寿夭折。建安元年至二年（196—197）间，张仲景四十六七岁时辞去高官、舍弃厚禄，开始艰苦的行医生涯。当时，万般皆下品，唯有当官高，行医被归入"方技"（古代学术派别），被官僚、士大夫所鄙视。但张仲景认为这是"举世昏迷，莫能觉悟"，他行医的目的非常清楚：上以疗君亲之疾，下以救贫贱之厄，中以保身长全，以养其生。

张仲景在行医的同时也不忘继续进修，"勤求古训"，总结和巩固了大量医学理论，并在实践中反复锤炼，将毕生所修所得写成医学巨著《伤寒杂病论》。

张仲景在《伤寒杂病论》中，明确反对天命和鬼神致病的传统看法，认为人体致病主要有三个原因：一是经络受邪；二是四肢九窍血脉不通；三是被房室、兵器、野兽等伤害。

张仲景系统地总结了迄至建安时代，历代对霍乱、痢疾、肺炎、流行性感冒等伤寒病（不是现代意义上的由伤寒杆菌引起的肠伤寒病）及以内科病症为主，包括外科、妇科一些杂病的诊断、治疗经验，记载了375张药方，对每张方子针对的疾病及药品的搭配、数量都有说明，内容丰富且具体。在诊断方面，该书认为应用望色、闻声、问证、切脉等方法，综合比较来确定病情，查找病源。为分析、辨识病理，该书还把伤寒的各种疾病及其各种阶段细加区分，共分为六大症候群，即太阳、阳阴、少阳、太阴、少阴、厥阳，其皆有一组突出的临床症状为诊断依据。该书已包括了后世中医诊断学的八纲，即阴、阳、表、里、虚、实、寒、热的基本内容。提出了五行（金、木、水、火、土）与人的五常、五脏的辩证关系，亦成为之后中医的基本理论。

该书还介绍了外涂用药、针灸、温熨、按摩、浸足、吹耳、人工呼吸、舌下含药等具体的治疗方法，记载了妇科各种常见病的症状及治疗方法。该书还强调要注意饮食卫生，认为凡自死的六畜，皆是因病而死，皆有毒，不能食用；凡饭菜鱼肉变味、变质，吃后皆有害健康。该书强调，人在无病时不要乱吃药，有病后要及时治疗，如不及时治疗，小病便会拖成大病。张仲景在建安二十四年（219年）病逝，享年70岁。

誊抄在竹简之上的《伤寒杂病论》问世不久，便因战乱而散佚。西晋医学家王叔和又对其进行了全面的编辑和整理，将其分为《伤寒论》和《金匮要略》二书。前书十卷共二十二篇，后书六卷共二十五篇，后世尊称此二书为《医经》，尊称张仲景为"医圣"。

继巨鹿人张角发起黄巾起义以后，各地农民也纷纷起义。军阀诸侯乘机相互割据，东汉政权几乎土崩瓦解。张仲景一家也不得不流落他乡，寻求出路。当时刘表为荆州刺史，盛传刘表礼贤下士、唯才是举，荆州之地殷实，人民生活安定，张仲景一家来到荆州投奔刘表。刘表对他确实非常重视，以"治病救人"之术游于公卿间。

有一个二十多岁的青年才子名叫王粲（和徐幹、陈琳、应锡、刘桢、孔融、阮偊合称"建安七子"，七子中王粲成就最大），字仲宣，因其祖父王畅与刘表是老朋友，故也来投奔刘表。

王粲用文字记录了当时社会的画面："西京乱无象，豺虎方遘患。复弃中国去，委身适荆蛮。亲戚对我悲，朋友相追攀。出门无所见，白骨蔽平原。路有饥妇人，抱子弃草间。顾闻号泣声，挥涕独不还。未知身死处，何能两相完？驱马弃之去，不忍听此言。南登霸陵岸，回首望长安。悟彼下泉人，喟然伤心肝。"（《七哀诗》）

张仲景虽然不善词章，写不出像这位才华横溢的仁兄那样的好诗句，但感时伤世，同情百姓疾苦这点二人达成了共识，只不过一个用笔，一个用药，但二者异曲同工，并不影响他们的交流和友情。由于经常往来，张仲景看出王粲身体有些隐患，对他说："仲宣，你现在已经患了一种病，这种病属疠疾（麻风病），应该早些治疗。现在服用五石汤治疗还不晚，否则到了40岁眉毛、胡须都会掉落，半年之后就会有生命危险。"说完便给他包了五石汤药。

自己正当年就被说行将就木，王粲很不高兴，勉强拿了张仲景给他包的药悻悻地走了。过了一段时间，张仲景又见到了王粲，他像找到了一个从医院出逃多日的患者般十分关切地追问王粲是否服用了五石汤。

对于这位热情过度的挚友只能说了善意的谎言，说自己遵医嘱吃了药。张仲景摇摇头，心想骗我也不去化下妆，他觉得挚友完全没把健康当回事儿，就追问："不吃我给你的五石汤，就等于慢性自杀，年纪轻轻为什么要选择轻生呢？生命每个人只有一次……"

王粲觉得他这位兄弟得了职业病，自己一天生龙活虎的连小感冒都不曾有，虽然哀伤时事，写些为赋新词强说愁的诗文，但还没得抑郁症，哪儿会那么短命！但碍于张仲景的善意提醒，也只能点头应承一定吃药。后来，他还把张仲景的话当成笑料去说。

二十年后（即217年）的春天，身为曹操丞相仕途无二的王粲在须眉脱落后的第187日仙逝了，时年41岁。

● 坐堂先生

凡是历史悠久的中药店都称作"堂",比如北京的同仁堂、长沙的九芝堂、宁波的寿仁堂、沈阳的天益堂、贵阳的同济堂等。"堂"的始祖出自汉代名医张仲景。

汉献帝建安中期,张仲景被调任长沙太守,当时那里瘟疫肆虐,死了很多人。工作之余,张仲景就在"办公室"接诊病人,自称"坐堂医生"以表示自己藐视功名、为民治病的决心。后人为了学习这位名医的崇高品德,就沿用这个称呼,一些行医者也把自己的中药店叫作"某某堂",意为像张仲景那样不计名利、救死扶伤。

张仲景对华佗被害之事非常气愤,他不止一次在徒弟面前说:"华佗先生为百姓的健康不惜失去了生命,真是我们的榜样啊!"还说,"华佗不为虎作伥的气节真令人钦佩!"

华佗被害两年以后,曹操的"偏头痛"病复发了。洛阳的医生均束手无策,南阳太守为讨好曹操,就向他举荐张仲景。张仲景闻讯感慨万千,他想起华佗被害经过,又想到《伤寒杂病论》尚未问世,各地仍不断传来疫疾吞噬人民生命的惨讯,他发誓决不为其所用,他要为百姓留下一生的医学经验。于是,张仲景带着徒弟卫汛直奔少室山(今河南登封境内)隐居去了。

● 健身达人：华佗

华佗（约145—208），字元化，汉名旉，沛国谯（今安徽省亳州市）人。他自幼受到良好的教育，知识渊博，兼通几种经书（通一经，便可做官），精于医学，擅长内科、外科、妇产科、小儿科、针灸、手术。

华佗年轻时在家乡行医，求医问药的人像现在医院候诊大厅一样人头攒动。对于一般病人，华佗随手抓几味药，让他在家里煎饮，第二天就好了。对于重症的患者，他会多嘱咐一些注意事项，不过多久也痊愈了。

华佗的针灸技术也非常有特点，针灸前他会告知病患施针后会有的感觉和反应，当出现这种感觉后，病人说"已到"，他便拔针，针去病除。

华佗不只是一名博古通今、技艺精湛的内科中医，也是一名专业的外科手术大夫。他发明了一种名为"麻沸散"的麻醉剂，病人用酒冲服饮用，不一会儿便如同醉死，身体毫无知觉。华佗开刀动手术，若病灶在肠中，他断肠湔洗，然后缝腹涂膏药，四五天内病人毫无痛感昏昏沉沉地睡着，一个月左右便痊愈。华佗被视为神医，名气很大，许多人不远千里前来求诊。

华佗还是个健身达人，擅长修身养性之术，他自己编有一套运动方法，名"五禽之戏"，模仿虎、鹿、熊、猿、鸟类动物的动作姿势、表情，既可练身，又可驻颜。他将此运动传授给一些病人，使其练身自健。他自己长期坚持练习五禽之戏，给人一种返老还童的感觉。

在华佗的学生中，广陵人吴普、彭城人樊阿较有影响。吴普后来在行医的同时，长期练习五禽戏，九十多岁仍耳聪目明，身体康健。

华佗立志行医，淡于功名，不愿做官，这在当时实属少见。沛相陈珪因其通晓几种经书，有心要提拔他，推举他为孝廉；董卓执政时，大名士黄琬出任太尉，因久慕其名，专门征辟他为太尉府属吏……各种升官晋爵的机会，华佗都不为所动。

华佗平时常外出行医采药，足迹遍布今江苏、山东、河南、安徽等地。甘陵相的夫人怀孕六月，腹痛不安，华佗把脉后断定其腹中胎儿已死，死胎若在腹左为男婴，在腹右为女婴。叫人摸后说在左，华佗遂给她开药，煎饮后即产下男性死胎。

● 预知生死

华佗之所以有神医的称号，在于其能断言死生。

严昕陪几个兄弟一道等待华佗看病。华佗见到严昕，便问："您的身体是不是不舒服？"严昕摇摇头，说自己只是陪别人来的，身体没什么毛病。华佗说："从您的脸上看，您有病，莫多饮酒。"严昕返家途中，因头晕从车上掉下来，别人将其扶回家，当天半夜便去世了。

曾经担任过督邮的顿子献患病，将好之时特请华佗前来把脉。华佗说脉还虚，病未好，不要劳累，如行房事即死，临死时会吐舌数寸。没过多久，其妻前来探亲并行房事。三日后，顿子献果然吐舌而死。

军吏梅平患病后被遣回老家，途中借宿在亲戚家里，此时华佗正好也在，为其看诊后说："现在病势已定，我爱莫能助，您赶快回家与家人见面，五天后就会去世。"梅平即赶回家，果不其然五天后死去。

一天，一位病人吞咽口水困难，想吃东西又咽不下去，家人用车载其求医。恰好华佗路过叫住车，道："前面路边有一家卖饼的，那里有制好的蒜泥大酢，你去买三升吃下去就会好。"患者服用后，果然吐蛇一条，家里人非常开心，像农民对待丰收的战果一样把吐出的蛇挂在车边，到华佗家致谢。华佗外出尚未回来，小儿子在门外玩儿，他请病人到前堂入座，见北壁悬挂有此类蛇数十条，心想怪不得如此神妙，原来华佗已是治疗这类病的斫轮老手了！

有一郡守生病，华佗认为必激其甚怒，急火攻心才能治好他的病。气人也是一门功夫，华佗绞尽脑汁想如何才能气到郡守：医生要多收医疗费，这还不算，收了钱咱还不办事、不看病，想尽各种理由耗时间……眼看就要把郡守气得眼冒金星了，华佗对郡守之子讲了自己这步棋的意图，留书一封大骂郡守后，便来个神龙见首不见尾的不辞而别。郡守花了钱不说还挨了骂，受到如此奇耻大辱的郡守果然大怒，吐黑血数升，命人追杀华佗。而就在骂完华佗之后，郡守竟奇迹般恢复了健康，他不禁在内心竖起大拇指，暗暗喊高。

有一士大夫生病，华佗看后预言："你的病已深，腹中有异物。虽然会难受，但并不会立刻致命。你有十年阳寿，也可忍着不必挨一刀。"后来在病人的要求下,这位士大夫做了手术,十年后死亡。

● 曹操最后悔的事

曹操听说华佗的高超医术,即召其为侍医。华佗不愿为其医治,又畏于其势力不得不硬着头皮去。曹操常头痛、怕风,每次头痛病发作时他都心乱目眩。只要华佗施针,病痛一下子就好了。

后来曹操的头痛病加重,便由华佗一人专门医治。华佗说:"这病治不了根,只能靠医药过一日算一日。"

华佗度日如年,熬过一阵日子,他便借故取药方,请假暂时回家。回家后,许多病人又来找他看病,他热情地为乡亲们看诊,乡亲们都舍不得让他走。考虑到曹操身边御医成群,加之自己对曹操十分反感,华佗便以妻子生病为借口,多次请求延期。曹操多次写信给华佗,要他回许都,又让有关郡县通知他回来,华佗依旧托辞不去。建安十三年(208年),曹操因多次催请华佗不返,大怒,派人前去察看,若其妻果真患病,赐小豆四十斛,宽限假期;若其妻无病,即收捕华佗。

荀彧曾为此向曹操求情,曹操不准。他越想越生气,觉得华佗是跟自己玩心眼儿,明明可以药到病除帮他治好病,却总是留着一手。自己手下的庸医们羡慕嫉妒华佗的医术,也纷纷三言两语附和着:"他就是个乡野村夫,抬举他他还不识相。""敬酒不吃吃罚酒,就让他去阎王那里吃个够吧!"

华佗被押送至许都监狱,监狱里的看守都知道华神医的大名,给华佗开了小灶，吃的、喝的、用的都尽量比其他犯人好。华佗将毕生的医药秘方赠予小吏，但小吏一辈子也没读过什么书，倒是从小到大被条条框框约束着不敢越雷池半步，唯恐这医学秘籍哪天会像个定时炸弹让自己丢了小命，因此死活不敢要。华佗又不想让这宝贝落到曹操手里，于是将所有秘方付之一炬后坦然走向刑场。死时约63岁。

在那个医疗技术贫乏的时代，失去华佗等于失去了一个不可回归的文化遗产。有一个叫李成的军官，长期咳喘，昼夜不能安睡，吃了华佗开的药后，吐二升浓血，病好。华佗又给了他一些药嘱咐他："这病在十八年后还会复发，到时若无此药，便医不好。"过了五六年，李成的一个同乡也得了同样的病，一再向李成求药，李成只好将药给他。当他再去谯县向华佗求药时，正遇上华佗被捕，他便没好意思开口。十八年后，李成发病，因无药而死。

授人以鱼不如授人以渔，华佗似乎从不出卖自己的药方，导致宝贵的医疗材料失传。后来曹操的小儿子病重，御医们无能为力。曹操只能眼巴巴看着小儿子无药而治，他非常自责："我真后悔杀了华佗，是我害死了儿子！"

● 郭玉：与贵族相冲的名医

郭玉的师祖是一位极具传奇色彩的医学家，名叫涪翁。他每天在涪江边钓鱼、观风景，过着闲云野鹤般的生活。涪翁志不在朝野，他是一名深谙岐黄之术、医术高妙的"隐士"医学家。

涪翁写了许多书，但都是有章无目，《针经》《诊脉法》均已失传。郭玉是涪翁的徒孙，深得涪翁医道之精髓，精通诊脉、针灸。

郭玉学艺精湛被推荐至太医院，官任太医丞。太医丞是太医令的助手，是负责国家医药行政的高级长官，主管全国以及宫廷的医疗事宜。

由于跟百姓接触多了，他给老百姓看病药到病除、针到病治，但给达官贵人看病，却总是好事多磨，反反复复好几次才能治好。汉和帝听说了此事，有点儿怀疑郭玉是不是真有这个能力，否则辛辛苦苦大老远请来一个白吃饭的未免人财两空。

汉和帝找人将生得细腻的男人的手腕和普通宫女的手腕放在布幔后面，遮起郭玉的眼睛，让他凭诊脉来判断患者性别，郭玉每次"蒙"得都很准确。汉和帝又让几个生病的贵族扮成穷苦人找郭玉看病，郭玉一见到那熟悉的破衣烂衫，心中顿感亲切，像在农村的街坊乡里看病一样，他淡定发挥，病人很快康复了。

汉和帝询问郭玉针灸个中缘由，郭玉说道："夫贵者处尊高以临臣，臣怀怖慑以承之，其为疗也，有四难焉：自用意而不任臣，一难也；将身不谨，二难也；骨节不强，三难也；好逸恶劳，四难也。针有分寸，时有破漏，重以恐惧之心，加以裁慎之志，臣意且犹不尽，何有于病哉！"（《后汉书·方技列传》）

郭玉觉得，为达官贵人治疗效果不佳，医患双方都有责任：首先，达官贵人位高权重不肯轻易相信别人，自然对医生也持怀疑态度。其次，从医生自身来讲，碰到达官贵人不免胆小、紧张、惶恐，发挥失常在所难免。从患者的个人身体素质来讲，不锻炼、体质差，或在药罐子里泡着长大，具有抗药性。加之扎针时医生比患者还害怕，手一抖就谬以千里了！汉和帝觉得郭玉这套理论没问题，很符合当时医患双方的真实情况。

疑人不用，用人不疑。不仅医患关系，任何合作关系都需要以信任为前提，才有利于双方共赢发展。

● 医官

我国古代由官方聘任或培养的医生被称作"医官"，先秦、两汉时期就已经初见雏形，当时的医官称谓主要有"侍医"和"太医令（丞）"两种，前者无官阶，后者则有官阶。此外，汉代地方还有"医工长"等称谓。

医官既包括中央所设职位，也包括地方所设职位，他们有些带有官阶，拥有亦医亦官的特殊身份，是封建官僚系统的组成部分；有些则不带官阶，只食朝廷俸禄而已。

《周礼》是目前可见最早的系统涉及医官称谓的文献。《周礼·天官冢宰》云："医师上士二人，下士四人，府二人，史二人，徒二十人。食医，中士二人。疾医，中士八人。疡医，下士八人。兽医，下士四人。"唐贾公彦《周礼义疏》曰："医师者，众医之长，故长医之政令。"周代医官称谓有五：医师、食医、疾医、疡医、兽医，医师为诸类医官之首，总揽医政。其下，有专司饭食的食医，有专治内科的疾医，有专治外科和伤科的疡医，还有专治牲畜的兽医。

春秋战国时期，晋侯求医于秦，秦伯使医和视之，曰："疾不可为也……"（《左传·昭公元年》）此三人虽未冠以官职称谓，但就其所行事宜来看，他们应当不是来自民间：医衍是奉晋侯之命以鸩毒刺杀卫侯，医缓与医和为秦国派往晋国的医使，均负有一定的政治或外交使命。可以肯定的是，医官在先秦时期就已经存在了。秦始皇统一天下之后，推行秦国官制，这两种医官称谓均保留了下来。

秦汉不仅有"太医令"之称谓，其下还设"太医丞"。"侍医"亦为当时医官的正式称谓，不具有官阶。侍医当受制于少府之下的太医令（丞），负责皇帝（或诸侯王）及其近戚的日常保健及临床疗疾。

"侍诏"指秦汉时期一些被朝廷征召入朝的有特殊才能的人，随时听候皇上传唤咨问之意，并不具有官阶。侍医服务于朝廷却无官阶，是少府太医令（丞）的候补人员。

汉代地方也设有医官，称为"医工长"（即主管王宫医药的医官）。《后汉书·百官五》载诸侯王之封国官职曰："中尉一人，比二千石；郎中令一人，仆一人，皆千石……礼乐长、卫士长、医工长、永巷长、祠祀长，皆比四百石。"其间有"医工长"一职，刘昭注曰："主医药。"

西湖美景三月天：神仙

"神"是类似于超人一样的神秘物种，《礼记·祭法》所言："山林、川谷、丘陵，能出云为风雨，见怪物，皆曰神。有天下者，祭百神。"神比仙高两个品级，但人们常将它与仙放到一起用，因为无论是神还是仙，都是人们遥不可及、玄之又玄的偶像。

"仙"字的构成是："人"加"山"，许慎在《说文解字》中将"仙"解释为："人在山上。"《释名·释长幼》进一步说明了"仙"的最大特点："老而不死曰仙。仙，迁也，迁入山也，故其制字人旁作山也。"

葛洪在《神仙传·彭祖》中对"仙"的形象进行了描述："仙人者，或竦身入云，无翅而飞；或驾龙乘云，上造天阶；或化为鸟兽，浮游青云；或潜行江海，翱翔名山；或食元气，或茹芝草；或出入人间而人不识，或隐其身而莫之见。"

乘轩伴鹤，飞步云车。箫声倾月，花鸟玉色，凉风起兮，青荷昼偃。白日飞升紫府，位列仙班，可比无可奈何地坐在轮椅上老老实实等候死神的降临舒坦多了，琼脂玉酿不如仙丹一粒，学富五车不如轻骑绝尘。

不过，做神仙也并不轻松，他们需要不断努力、学习，提升自己的修行水平，才会产生质变。《太平经》中说："夫人愚，学而成贤，贤学不止成圣，圣学不止成道，道学不止成仙，仙学不止成真，真学不止成神，皆积学不止所致也。"《抱朴子·金丹篇》中所载的"上士得道，升为天官；中士得道，栖居昆仑；下士得道，长生世间"。仙人的日常也没什么神秘，"（仙人）或食元气，或茹芝草；或出入人间而人不识，或隐其身而莫之见，……率好深僻，不交俗流"。

屈原在现实与理想重重矛盾时，写了篇游仙诗《远游》："悲时俗之迫阨兮，愿轻举而远游。质菲薄而无因兮，焉托乘而上浮？遭沉浊而污秽兮，独郁结其谁语！夜耿耿而不寐兮，魂茕茕而至曙……"

人生失意事，十之八九。当理想遭遇黑暗，对另一个美好空间的向往，成了诗人新的追求，"仍羽人于丹丘兮，留不死之旧乡。朝濯发于汤谷兮，夕晞余身兮九阳。吸飞泉之微液兮，怀琬琰之华英。玉色䫻以脕颜兮，精醇粹而始壮。质销铄以汋约兮，神要眇以淫放。嘉南州之炎德兮，丽桂树之冬荣。山萧条而无兽兮，野寂漠其无人。载营魄而登霞兮，掩浮云而上征。命天阍其开关兮，排阊阖而望予。召丰隆使先导兮，问太微之所居。集重阳入帝宫兮，造旬始而观清都……"（《远游》）

随仙人来到丹丘圣地的诗人，晨在汤谷洗发，晚于九阳晒太阳。饮清泉，抱美玉，面色润泽，精神强壮。脱胎换骨，精力充沛。气候四季如春，桂花飘香吐芳。四野无他物，脚踩彩霞，披云登天。守门人招呼云神做向导指令我去太微宫、九重天、帝宫，造访旬始星到清都参观……

● 成仙秘法

传统意义上的仙，肉身不死。但对于有的仙，身体只是沉重的拖累：金蝉脱壳后，壳何用？蝶破茧后，茧何用？仙人升仙后遗留在凡间的肉体和物品（如衣、杖、剑等），专业术语叫"尸解"，"尸解者，言将登仙，假托为尸以解化也"。这类摒弃肉身的神仙叫"尸解仙"，"夫尸解者，形之化也，本真之练蜕也，躯质之遁变也。故又喻之为蝉蜕，如蝉留皮换骨，保气固形于岩洞，然后飞升成于真仙"。放弃肉身，追求灵魂不死的成仙方式，让人脑洞大开，肉体不再是人们难以逾越的成仙瓶颈，条条大路通神仙。

尸解的方式繁多，据《云笈七签》卷八十五《太一守尸》载："夫解化之道，其有万途。……或坐死空谷，或立化幽岩，或髻发但存，或衣结不解，乃至水火荡炼，经千载而复生，兵杖伤残，断四肢而犹活"；同卷《太极真人遗带散》称："凡尸解者，皆寄一物而后去，或刀，或剑，或竹，或杖，及水火兵刃之解。"尸解仙在诸仙中等级最低，但肉身不死，仍是很多人的理想，"仙有五等者，鬼仙、人仙、地仙、神仙、天仙之不等，皆是仙也。鬼仙不离于鬼，人仙不离于人，地仙不离于地，神仙不离于神，天仙不离于天。"（《钟吕传道集》）

五等神仙的地域和个性不同，"闻《传道集》中有五等神仙，第一不持戒，不断酒肉，不戒杀生，不思善，为鬼仙之类；第二养真气长命者，为地仙；第三好战争，为剑仙；第四打坐修行者，为神仙；第五孝养师长父母，六度万行，方便救一切众生，断除十恶，不杀生，不食酒肉邪非偷盗，出意同天心，正直无私曲，名曰天仙。"（《道藏》）

仙人们修行的方式也是五花八门，有的隐居山林静享清幽，有的辟谷清肠五脏养生，也有的专注于画符法术，"道家之术，杂而多端，先儒之论备矣。盖清净一说也，炼养一说也，服食又一说也，符箓又一说也，经典科教又一说也。黄帝、老子、列御寇、庄周之书所言者，清静无为而已，而略及炼养之事，服食以下，所不道也。至赤松子、魏伯阳之徒，则言炼养而不言清静。卢生、李少君、栾大之徒，则言服食而不言炼养。张道陵、寇谦之之徒，则言符箓很少而俱不言炼养、服食。至杜光庭而下，以及近世黄冠师之徒，则专言经典科教，所谓符箓者，特其教中一事，于是不唯清静无为之说略不能知其旨趣，虽所谓炼养服食之书，亦未尝过而问焉矣。"（《文献通考》）

● 张道陵：人品是升仙的底气

张天师原名张道陵，东汉光武帝时期人，天赋异禀，身长九尺三寸，浓眉方脸，红顶绿眼，鼻子高挺，垂手过膝，有浓密的胡子，龙行虎步，十分威武。汉光武帝建武十年（34年）正月十五晚上，他出生于丰县天目山阿房村（今江苏省徐州市丰县），出生前他的母亲梦见魁星下凡，身穿锦绣衣袍，拿一枝奇花给她，他母亲接过花来就醒了，随后产下了他。张道陵出生后，满室异香整月不散，黄云罩顶，紫气弥院。张道陵资质惊人，7岁便通读《道德经》，天文地理、河洛谶纬之书无不通晓。成年后，张道陵入东汉最高学府太学求学，博通"五经"，观千剑而后识其器，深感儒学的局限，儒学教人有生之年如何好好活，而道学教人如何永远好好活着，他想要搞清楚死生的问题，遂弃儒改学长生之道。

尽管张道陵已达到了炉火纯青的境界，但碍于世俗，他在25岁任江州令，缠身的细碎工作，让他更加讨厌世俗的日子，勉强糊弄当了几年的官，就隐居洛阳北邙山中闭关修行。三年过后，道术练成，有白虎口衔玉符至其所。

这件奇事惊动了汉和帝刘肇，他赐张道陵为"太傅"，封为冀县侯，相当于现在的正国级官员。古代很多人靠退隐博得眼球，所谓"终南捷径"，一朝得势后步入仕途，但张道陵打得不是沽名钓誉这张牌，他只想安稳地修仙得道，所以果断拒绝了汉和帝的恩赐。

后来汉和帝又饶有兴趣、紧追不舍地继续封赏，张道陵依旧谢绝，这让汉和帝很纳闷，他要求张道陵给出一个合理的解释。张道陵回复说："根据我多年的阅历和经验，没有多少人能轻松愉快地保住荣华富贵。朝廷人才济济，不缺我这个人，我还是老老实实在我的青山绿水间开心生活吧！"

为躲避朝廷无休止地征召，张道陵离开京师，云游名山大川，访道求仙、降妖除魔、救济生灵。据民间传说，张道陵曾登青城山，会八部鬼帅，大战众鬼，制伏外道恶魔，诛绝邪伪，诸魔难敌，无不降服。

晚年的张道陵，开创"正一盟威道"，成为正一道祖师，有"张天师"之称。张天师道法精深，福寿绵长，在他123岁那年，站在云台山上，突然飞升成仙，进入天庭，成为天庭四大天师之一。

张道陵的父亲叫张大顺，也好神仙之术，自称"桐柏真人"，儿子即取名为"陵"，希望将来能追随先祖，远离尘世，登陵成仙。他在江西龙虎山筑坛炼丹，之后又到了四川大邑县的鹤鸣山，传说这里是神仙广成子炼丹修行的地方。张道陵来到鹤鸣山不久，得到一本《洞相经》，其中杂糅了阴阳五行和儒宗学说，将长生与度世济人联系起来，要求欲成仙者必须"以民为本"，要掌握生物药方和草本药方，先为民之生，后为己之寿。他遵循书中的教诲，为了采集和配制中药，他涉猎民间医术，跑遍了鹤鸣山方圆百里，经过长年的学习和实践，他成了一名为民众解除病疾的医生。张道陵医术高超，方圆百里的人患了疑难病症都会跋山涉水慕名前来求医。他为百姓治病，不分身份，一视同仁，且不收分文，表现出了极大的博爱胸怀，在百姓中建立了良好的口碑。待时机成熟，张道陵创立了"天师道"，道徒众多，弟子们称他为"张天师"，此时他恰好100岁。

除了悬壶济世的修炼方式外，张道陵又搞起思想品德建设，他认为用礼义廉耻约束人心要比用刑罚更加有效，遂订立了一套方法：他让病人将出生以来所犯的罪过都一条条写下来，写好后将纸张扔到水中，并向神明立下誓约，下不为例，否则会有性命之忧。之后，他再施展法术，病人陆续康健。

那些偶尔生病的人，都会忏悔过错，不仅疾病痊愈，还能检讨人心，不敢再犯同样的错误了。人们对神明产生了敬畏之心，害怕受到果报，所以都改过迁善，保持良好品行作风。

张道陵治好了很多病人，但同时也没忘记自己的责任，他依旧炼制丹药。丹药炼成后，他不想马上升天，只服了半剂，学会了分身术，可以化作几十个人，《西游记》中的孙悟空就拥有此项技能。张道陵运用此方术的作用不是打打杀杀，而是招待宾客。他的房屋前面有个水池，可坐船游玩，来往的道士和宾客络绎不绝，他不好意思拒绝，就安排自己的分身陪伴宾客，分身热情洋溢地与来宾交谈，自己则悠哉乐哉地躺在微风洋溢的小船上。

● 入学的考验：折磨八次，受用终生

张道陵有很强的未卜先知的能力，有次他对众人说："你们不能完全弃绝尘世，只能学学行气、导引、房中术之类的雕虫小技，若运气好，服用草木之类的药方可活到几百岁。但黄帝的九鼎丹法秘诀，只能传授给最优秀的道士，这个人必定在正月初七的中午从东方来到。"张道陵把这个优秀道士的相貌说了一遍。到了那天，果然有个叫赵升的人，恰好从东方过来求道。

赵升历经八次折磨，张道陵才将丹经传授给他。

第一次：考验其意志力。让赵升吃闭门羹，并受辱骂四十余天，露宿门前。

第二次：考验其定力。赵升独自去看守庄稼，让一美貌女子前去百般诱惑，赵升与美貌女子单独相处数日而守身自洁。

第三次：考验其物欲。在路边放几十块黄金，派赵升独自一

人下山办事时在深山小道上发现黄金,但赵升看也不看,不为黄金所动。

第四次:考验其勇气。赵升在路途中碰见三只猛虎向他扑咬过来,赵升临危不惧,默念咒语,面对猛虎大吼一声,猛虎果然止步,退入森林之中。

第五次:考验其心胸。赵升在集市上付钱买了十几匹绢布,店主却诬陷他没给钱。赵升毫不动怒,好言解释,直到官员闻讯赶来,在旁观者证明他是付清了钱款后,才坦然离开。

第六次:考验其谦卑心。赵升遭遇乞丐,见其衣服破旧,脸上脏兮兮的,身上还长着疮流着脓,恶臭难闻。赵升脸上的表情显得很悲伤,他把自己的衣服脱了下来给乞丐穿上,用自己的那份粮食给乞丐做吃的,又把自己的米都送给了乞丐。

第七次:考验其胆量。悬崖下有一棵桃树,树干跟人的手臂差不多粗,从石壁上侧生出来,桃树之下便是深渊,树上结了不少桃子。有百余人都望而却步,只有赵升跳了下去,为众人摘桃子。

第八次:考验其诚信。张道陵跳下悬崖,众人惊慌失措,赵升、王长二人随后也跳了下去,正好落在张道陵的面前。张道陵正盘腿坐在斗帐之中的曲脚床上笑着说:"我就知道你们会来。"二人随张道陵闭关突击学习了三天的秘法,在某个明媚的日子里,张道陵和赵升、王长三人,在众人无比艳羡的眼神中,驾着白云登仙了……张道陵进入蜀地的山中,服用了早就配制好了的半剂丹药,虽然没有立即飞升而去,但是已经成了地仙。他之所以如此低调,是因为想度化赵升成仙,最终助其完成了心愿。

永寿二年(156年),123岁的张道陵端坐在法坛上,将经书、宝剑、符箓、功印交给了他的独生子张衡（非著名科学家张衡），把自己炼制的丹药分发给夫人雍氏，弟子王长、赵升，女儿文姬、文光、贤姬、芬芝等人，发放完毕，逝去。

● "急急如律令"

"急急如律令"源于汉代公文，"律令"本是人名，传说是周穆王时人，因走路很快，死后在雷部做小鬼。据国学大师王国维考证："汉时行下诏书，或曰如诏书，或曰如律令……苟为律令所已定而但以诏书督促之者，则曰如律令。""如律令"即"按照法律规定"的意思，这是皇帝督促已颁布的法律、法规加紧落实的用语。自汉代起，它就用于民间契约，以表示法律约束力。在道教中，"如律令""急急如律令""太上老君急急如律令"常用于符咒的结尾，以示郑重和紧急。道教兴于汉代，汉代诏书和檄文中多有"如律令"一语，后为道士巫师用于作法的专业术语。

● 走失的修羊

据《列仙传》载：修羊是魏人，在华山石室中修道，卧石上而石穿。他很少吃东西，时常吃黄精（一种中药材）。后来他以道术去见汉景帝，汉景帝留他在宫中，但几年间未见他显现任何道术，便下诏问他施教道术，来人还没问完，修羊已化作白色石羊，白羊肋部题字"修羊公谢天子"。石羊被放到灵台，后不知所踪。

● 淮南王：助我成仙的八位老者

汉高帝刘邦的孙子是淮南王刘安，其父为厉王刘长，因获罪被流放蜀地，在路上就死了，汉文帝将刘长的土地分给他的儿子们，刘安被封为"淮南王"。

当时，王公贵族子弟都过着奢靡的生活，只有刘安行事低调，他礼贤下士，尊重学识渊博的人，供养了上千位杰出的能人异士。刘安组织编写了如何修炼成仙和炼制黄金白银的书籍——《内书》。

刘安学识广博、善辩有才，汉武帝把他当作诸父之一，常常让他和司马相如等人一起拟定重要命令或书信，需要时就派遣使者宣召他入朝。汉武帝曾命他作《离骚经传》，刘安天亮时接到命令，早饭时间就完成了任务。武帝经常召见刘安参与读书座谈会交流心得，谈论历史人物和得失，有时刘安也会献上赋、颂等作品。

但刘安的真正志向在于长生不老，所有与修道相关的资料他都重金出击、广泛收集，还自掏腰包派人去偏远地区邀请方术士人。

在刘安的大力感召下，有八位须眉雪白，号称"八公"的老者上门拜见。门卫先悄悄通知了刘安，毕竟他也是贵族子弟，难免有弃之不去的世俗气，他怀疑八位老者的真实水平，就让门卫出几个问题考验一下他们。门卫说道："我们家王爷目标单一、重点突出，首先他最想得到的是可以延年益寿、长生不老的道术；其次是想收获博学多才、精通义理的大儒；最后是想拥有力扛千斤、勇猛无比的壮士。单看各位先生的身形与面相，似乎没有延缓衰老的方法，又不具备孟贲、夏育那样的勇猛之力，各位能通晓《三坟》《五典》《八索》《九丘》这些经典著作的精华吗？各位能探索治理天下的根本原理和人类心性的规律吗？若这三样本领一样都没有，各位请回吧！"

老者笑着说："我们是奔你家大王的口碑来的，听说你家大王礼贤下士，客人到来会像周公那样就算正在吃饭也要吐出来、正在梳洗也会马上停下来，去迎见有才能的人，因此才华之士都慕名前来。滴水不捐细流故能成其大，古人崇尚百家学问，即使是会学鸡鸣狗叫的人也会收留，想要得到骐骥那样的千里马得先要诚心花重金去买一匹死的千里马，燕昭王自降身份视郭隗为老才招揽到天下英才。我们几人在年龄上没什么优势，不符合你家大王的要求，但是我们千里迢迢过来，都到家门口了，他为何不出门一见呢？纵使不能给他带来好处，但也不会有什么损害。若只认可年轻人，无视白发老者，意味着你们并不是真心诚意地招徕人才。你们要看重年龄，现在我们就能变年轻。"

话音刚落，八位老者就都变成了十四五岁的少年，头顶梳着牛角般的乌黑发髻，脸色桃花般红润。门卫大吃一惊，忙跑去禀报刘安。刘安想到了葛洪《抱朴子》中的一段话："古之得仙者，或身生羽翼，变化飞行，失人之本，更受异形，……老而不衰，延年久视，出处任意，寒温风湿不能伤，鬼神众精不能犯，五兵百毒不能中，忧喜毁誉不为累，乃为贵耳。"根据门卫禀报，直觉告诉他，来者非凡品，遂鞋子都来不及提，光着脚就跑出来迎接。

经过这番折腾，刘安自觉怠慢了贵宾，他直接将八位老者请到思仙台盛情款待。锦绣丝绸围成的帐幕，洁净如新的象牙床，不时飘来的百和香，一切物景仿佛坠入云里雾中。刘安在金玉制成的小桌旁，跪地对八位老者行了弟子之礼，八位老者还没习惯这时高时低的操作，他们呆呆地站着，刘安边行礼边说："我刘安是个平庸的人，年轻时喜欢修行道德学问，无奈身陷世俗，曾想任性地背着书箱去山林中学习。天地良心，我日日夜夜渴求学道，希望能有神明来指点我，洗净我这凡身俗骨，也许我的诚意不能打动上苍，也无缘了却心中夙愿，神仙之道依旧像银河一样遥不可及。然而苍天有眼，八位长老屈尊降临，感谢上苍如此垂怜，让我今日有幸见到各位，真是又惊又喜，惶恐不安。希望各位哀怜我，随意点拨我几下，我这只小飞蛾便拥有了天鹅的翅膀，一飞冲天了。"

此时刘安不再摆架子作秀，八个少年摇身变回老者，道："王爷过誉了，我们也只是一介凡夫，只因有缘学习过一些神仙之术罢了，听说大王喜欢异士，特意前来想跟随大王，也不知大王想要学哪样？只要念起咒语，顿时升起云雾，地上之画可变流动江河，泥土堆可变高大山岳；崩开高山，堵塞深泉，驯服虎狼豺豹，唤龙遣鬼神。分身术、易容术，军队中隐身，白天变黑夜；腾云踏浪，千里之外分分钟而已；水火不侵，利箭不伤，寒冷不透，烈日无汗；身随意转，变化多端。力大无比，移山翻水；未卜先知、预防灾害、化解厄运，防患于未然，长生不老不是传奇；泥土烧金，炼制丹药，驾龙浮空。"

刘安甚觉神奇，早晚都会过来参拜八位老者，并用酒和果脯供养他们，他还亲眼见证了八位老者的神奇道术。最后，八位老者传授给了刘安三十六卷教其如何炼丹的经书，刘安仿照书中的方法炼丹成功。按理说，修成正果后功成身退是件自然而然的事，但王爷就是王爷，不急不缓。

宫中岁月无聊，太子刘迁又喜欢上了剑术，他召郎中雷被与他比试，自小在蜜罐中长大的太子本以为这次又是顺理成章弄个金牌，谁想到雷被居然失手刺中了他。不让我赢就算了，还敢下死手，这还了得！刘迁在心里已经拷打雷被几千棍了，但表面上还是一副无所谓的神情。这让雷被更加战战兢兢，他觉得自己这条命是租来的，太子的心情就是晴雨表，雷被绞尽脑汁给自己想了条退路，他请求刘安让他跟随军队去讨伐匈奴，但刘安觉得此时天下太平，讨伐还不是时候，没有答应。

雷被一看王爷如此铁石心肠，不给退路，干脆一不做二不休，便向皇帝上书说："依据汉朝的法律，诸侯拥兵不去讨伐匈奴，该入死罪，刘安应被处死。"汉武帝崇尚武力，向来认为能用武力解决的问题就不要动口，但碍于其敬重刘安，就意思一下削去了刘安两个县的封地。

如此一番，雷被轻而易举地得罪了两位重量级的人物，他找来好兄弟伍被诉说衷肠，这人也不是省油的灯，曾因损公肥私的事得罪刘安，也害怕刘安杀掉他。于是二人串通一气，一起诬告刘安谋反。

汉武帝犹豫不决，不知如何是好。八公神通预感大事不妙，对刘安说："时机到了，命运之神召唤你升天了！"刘安依旧保持淡定，继续若无其事地出入朝廷。八公不想前功尽弃，便趁刘安登山祭祀之时，将金子埋在山上，刘安踏上后，便升天为仙。

刘安临走的时候，想要把雷被、伍被杀掉，八公劝阻："别说杀人不符合修仙的规矩，就连路上的虫子也不能随意伤害。"他们宽慰刘安说："你放心，仙籍上有名的人，倘若被人诬陷，那些诬告者要自食其果，伍被等人马上就会被杀掉了。"

宗正（掌管皇帝亲族或外戚勋贵等相关事务的官员）找不到刘安在哪儿，被皇帝追问就说道："淮南王成仙而去了。"汉武帝听后很是眼红，想想这几个成事不足败事有余的奴才就一肚子火，眼尖嘴快的廷尉张汤提到伍被，说这个人跟刘安是一伙儿的，预谋推翻大汉江山。因此，雷被以及他的好兄弟伍被被皇帝灭了门。

此时，刘安刚入天宫，周围没几个朋友，便想着问八公能不能邀请那些知心好友过来小聚。八公同意了刘安的请求，但限制不要超过五人，刘安就把左吴、王眷、傅生等五位友人请到玄洲叙旧，几个人开开心心地在天宫中待了几天便被送了回去。汉武帝听闻此事，饶有兴趣，命人找他们聊聊。左吴说："刘安在天上也不算太好，因他年轻自恃贵族，遇到天上的各位神仙前辈时，不谦卑行礼，并且大声说话，还自称'寡人'。老神仙们的主管者就向上奏告刘安不懂礼数，八公替他道歉才被赦免守卫天都的茅厕，三年后转为散仙，不担官职，只是能长生不死而已。"

左吴把知道的都一五一十地说了，心想一个看管茅厕的差事您堂堂大汉皇帝该不会嫉妒了吧？谁想汉武帝听后还是羡慕嫉妒，心里五味杂陈，他叹息道："我宁愿像淮南王那样在天上看管茅厕，也不想在人间坐拥这一片江山！"自此，武帝招募贤明之士，也希望能遇到像八公那样的贵人，但一直都没碰到，反而被公孙卿、栾大等人所骗……

传说八公和刘安飞升时，炼丹的器皿瓦罐没来得及收拾，七零八落地丢在院中，院中的鸡、狗来舔吃什物，得以升天。鸡在天上鸣，狗在云中叫，"一人得道，鸡犬升天"的典故就是这么来的。刘安得道成仙的事，汉代的史官守口如瓶，他们害怕后世的君主不理朝政效法成仙之道，便谎称刘安是获罪后自尽，并未成仙。

● 盗版的方士

天子好神仙，汉武帝也不例外，不少人投其所好，一时间出现了不少所谓的"方士"和"神仙"。公孙卿就是一个滥竽充数的盗版方士，他自称能见到神仙，被汉武帝封为"中大夫"，后不断欺骗武帝，被武帝发现，曾一度要处死他，他央求大将军卫青说情而得免。

栾大本是汉武帝时期胶东王刘寄宫中的药房先生，身材高大、长相俊美、伶牙俐齿，与另一位方士李少翁是同门师兄弟。经乐成侯丁义推荐至汉武帝处，武帝被其色相迷惑，以为栾大能通神仙，既然能通神仙，又岂敢怠慢，马不停蹄地给他不同的角色：五利将军、天士将军、地士将军、大通将军、天道将军、乐通侯，佩六印。按理说付出这么多，栾大本应感恩戴德、涌泉相报了吧？可栾大还是有所保留，除了一副姣好的容颜外，没有任何实际行动。武帝细思也许这些都只是些公职，自己与"大仙"还只是客客气气的君臣关系，如若我成为他的家人，就没有不坦诚相待的道理了吧？遂将孀居的卫长公主嫁给了他，并送金万斤作为陪嫁。此时，身为老丈人的汉武帝尽情地让栾大干这干那，却发现这位貌比潘安的乖女婿并不能通神，根本没有任何利用价值。武帝越看这个"花瓶女婿"越不顺眼，将多日以来的容忍、付出、失望化成铡刀，腰斩了他。

福无双至，祸不单行。汉武帝宠爱的王夫人死了，老眼昏花、心情郁闷的武帝眼中闪现着王夫人的身形、相貌，有人投其所好说方士李少翁有些本事，能用方术请来故去的人。少翁在此之前也做了很多功课，收集了很多关于王夫人的信息，他在夜里略施小计，弄了个跟王夫人身形相似的幻影，又称人鬼殊途，只能隔着帷幕观看，否则阴气太重对人不利。当王夫人的影子在灰暗的烛光下、在雾蒙蒙的纱缕间乍现时，忍受相思之苦的天子以为那就是自己朝思暮想的爱人。

在天子的大力提携下，少翁被任命为"文成将军"，汉武帝提出了要与神仙一见的要求，少翁不敢拒绝，便开启了自己的杜撰模式，他对武帝说："请神仙过来，也不是不可能，但道具得齐全，神仙的衣食住行讲究'习惯'二字，但宫室、被服等均不是神用的，神自然不会降临。"

天子听后立即说道："我不管你弄什么、怎么弄，我只看结果！"

少翁俨然成了专业设计师，不错过任何可以拖延时间的借口：车子的帷幕上绘有一朵朵精致的白云，同一版型的车子复制了数十辆，让工人涂上不同的颜色，按照五行生克的规律，这些车子在不同的日子里闪亮登场，逢凶化吉、趋利避害，为天神的到来搭桥铺路。为了能让神仙有种宾至如归的感觉，少翁营建甘泉宫等奢华宫室，室内绘有天、地、泰一诸神，八仙桌上的祭祀物品一应俱全。

然而，折腾了一年多，依旧不见神仙的踪迹。少翁只能使出自己的看家本领——自圆其说。这天上午有个祭台仪式，少翁早早起床躲进书房，在一张帛书上写了一些字，拿到牛棚里让牛吞进肚子。等到天子到来时，他指着这头即将走向断头台的老牛说出了在心中默念了几百遍的台词："这头牛的肚子里有怪异！"

天子下令把牛杀了，发现牛肚子里有张帛书，上面的内容大致是关于神仙心情不好不能亲自驾临之类的台词。天子正犯迷糊之时，有人眼尖，说见过少翁画符、写字，帛上的字迹是少翁的手笔。汉武帝命人拿出少翁之前写的字对照，果真是少翁搞的鬼。天子心想，虽然寡人不聪明，可你也不能拿我当3岁孩子耍啊，让我太没有面子了！于是，悄悄杀了这个被自己一手捧红的将军。

● 泰山老父：一枕成仙

汉武帝去泰山巡行时，看到一老者在路边锄草，他的头上有几尺高的白光，虽五十几岁但脸却像少年一样红润，肌肤也富有光泽。

汉武帝问他有什么道术，他回答说："我85岁时，头发花白，牙齿掉了，身体也不行了，但偶然碰到一个会道术的人，教我服用白术和水辟谷，并且给我做了一个神奇的枕头，枕头里有24种原料对应一年二十四个节气。另外，还有8种毒物对应八个季候的风，没过多久我就返老还童了。黑发茂密，牙齿长出，一天能走三百里路，我现在已经180岁了。"

汉武帝记下了他的方子，并赐给他玉器、丝绸等作为回报。泰山老父后来去泰山修行，每隔五年或十年，才回家乡一趟，三百多年后，就没再回来过了。

● 太上皇的宝剑

在汉代，一般用"五兵"来概括各种兵器，《汉书·吾丘寿王传》载："五兵，谓矛、戟、弓、剑、戈。"《汉书·百官公卿表上》载："五兵，谓弓矢、殳、矛、戈、戟也。"《后汉书·百官志》载："五兵弓弩、戟、楯、刀剑、甲铠。"

在尚武的国度里，剑不仅被广泛用于作战，作为娱乐活动的击剑，也非常盛行。《汉书·东方朔传》记：以滑稽幽默闻名的东方朔曾在汉武帝面前自夸"十五学击剑"。

剑是古代用于刺杀和劈砍的坚刃冷兵器，又称直兵，属于短兵的一种，脱胎于矛形刺兵及短匕首，形制极为短小、尖锋，双刃、短柄。《释义·释兵》载："剑，检也，所以防检非常也。"剑俗称"百兵之君""短兵之王"。

两汉时期，征战频繁，能武之士立功疆场，均有机会赐爵封侯，霍去病、班超便是榜样，故习武为世所重，学剑因而流行，后习剑逐步上升到了精神层次，"非信廉仁勇，不能传兵论剑""内可以治身，外可以应变"。

刘邦的父亲年轻时，常随身佩戴着一把三尺长的刀，刀上模糊铭文刻着：殷高宗武丁讨伐鬼方。他到鄠、沛二地山中游玩，见有工匠在冶炼金属的深谷里忙活，便好奇地问："这是在铸造什么器物？"工匠低声道："嘘，小声点儿，这是在给天子铸剑。"太上皇以为工匠在开玩笑，铸剑的工匠却展开了套词模式："虽然我不分昼夜地忙碌，奈何这把铁剑资质平庸，如果您腰间的佩刀能跟这把剑一起在铁水中冶炼，那它将会顺利晋级为神剑！演绎一段绝美的叱咤风云的神话。谁要拿着它平定天下，天上的星神也会下凡助他一臂之力，还将彻底消灭项羽、陈胜、胡亥。如今形势大好：木德已衰亡，火德将兴！"太上皇见这个工匠识货，便同他道："我这匕首，锋利无比，无论是水里的虬、龙，还是陆地的虎、犀，只要沾上边，全部秒杀，连鬼怪遇之，都躲闪不及；至于砍削玉石、雕刻金属这种小事，更不在话下。"工匠叹息道："如果您不肯把佩刀熔化后铸造宝剑，无论我的技艺如何高超，铸剑的材料如何优质，即使有欧冶（春秋时期著名的铸剑工）那样精湛的铸剑技艺，用越地的磨刀石来打磨剑刃，这把剑都成不了神剑！"

太上皇甚是大气，二话不说就解下佩刀投到熔炉中，一时间，烟气缭绕，火光冲天，光芒万丈，铸剑的工匠问太上皇这把匕首的前生今世，太上皇娓娓道来："秦昭王时期，一天我在田间小路上漫无目的地溜达，遇到了一个村夫，他将此物交给我，说是殷商时期的灵异之物，世代相传，上面还刻有古字，记载了佩刀铸造的年月。"

宝剑铸成之后，举行开光仪式，宰杀猪牛羊作为祭品，并在宝剑上涂上三牲的血祭祝神灵。仔细辨识，剑上的铭文还在，恰契合太上皇此前的说法。铸剑工人将宝剑交给了太上皇，后来太上皇将这把宝剑赐给了汉高祖刘邦，刘邦长年佩戴着这把祖传的宝剑，歼灭了项羽、陈胜和胡亥。汉朝一统后，这把剑完成了使命，被吕后藏于宝库中。刘氏家族鼎盛时期，守护宝库的人经常看到白色的云气漂浮在宝库外面，形似龙蛇，吕后把宝库命名为"灵金藏"；吕氏擅权专政时，宝剑便不再散发出白色云气。待汉惠帝继位，整理贮存于宫中御用的兵器，宝库重被命名为"灵金内府"。

零落成泥碾作尘：奴婢

中国古代社会里，凡不属于"士、农、工、商"四大阶层的人，皆被社会认为是"贱民之属"，不得入"良民之列"。奴婢、优伶、娼妓、乞丐等同属社会末流，奴婢的地位实则比优伶、娼妓、乞丐还要卑贱得多。作为奴婢，他们或依附于官府，或依附于私人，没有单独的户籍。而娼妓、优伶、乞丐等人虽一样被社会看不起，但娼有娼户、丐有丐户、伶有乐户，属于编户齐民的范围之内。西汉奴婢人数高达5959万，被分配在各种岗位上：耕田、畜牧业（如养马、养狗等）、煮盐冶铁、手工业、经商、漕运、建筑业、当兵或俳优、女乐、伎乐等杂役。

《说文解字》记："奴，奴婢，皆古之罪人也。"《周礼》曰："其奴，男子入于罪隶，女子入于舂槀。"罪隶是古代因犯罪或因株连而被罚做奴隶的男性。舂槀即舂人、槀人的统称，舂人指祭祀时负责供应米面、掌管供应饮食、供役使奔走之人。

男为臣，女为妾，又称"虏""仆""奴""隶""婢""臧获""僮"（亦作"童"）"竖""奚"（一种女奴）等，"奴隶"是指人身完全被主人占有的服役者，先秦时期称作"臣妾"（男为臣，女为妾），汉代称作"奴婢"，根据隶属关系可分为官属奴婢与私属奴婢。秦时"隶臣妾"是奴婢称谓的总称，秦时的官奴婢主要有隶臣（男奴）、隶妾（女婢）、冗隶妾（打杂的女婢）、更隶妾（钟点工）、卜史隶（从事占卜、记史事务的奴婢）、徒隶（罪犯）。

秦汉时期，"民"的构成中只有庶民和奴婢的区别，男称为"奴"，女称为"婢"，奴婢又有多种称呼，如僮（家僮、僮奴、僮隶）、苍头、卢儿、臧获等。

● 奴婢的人生：宁为奴，不为民

汉代人口可分为两种，一种叫作"编户之民"，简称为"民户""民"，这类人指编入户籍的百姓，他们要向国家缴纳赋税、负担徭役，虽然苦点、累点，但关键是有自由。另一种叫作"奴婢"，这类人不仅不算作"民"，甚至还不算作"人"，是黑户，他们没有被编入户籍簿内，而是作为财产登记在财产簿上，同田地、房舍、牲畜、车辆一样可以随意买卖。《史记·货殖列传》记载"民"在市场交易的商品有"马蹄躈千，牛千足，羊彘千双，僮手指千"，将奴婢与马、牛、羊视为同类。

奴婢没有户籍也没有家，属于寄人篱下的苦工，不仅自己没身份、地位，而且如没有特殊情况世世代代也别想翻身。若家中成员没有晋级高升这样的机遇的话，通常别无例外，都是黑户。一些犯了大罪、死罪的人，逃到地主家做奴隶，便是他们隐匿的最好办法。汉代全国有私属奴婢450万人，加上官属奴婢可能有

500万人。

汉朝时，还有十分之一的人口是奴隶，这些奴隶有官奴和家奴，官奴是指罚为官府服役，家奴大多是农民自愿卖身给地主、富商或达官显贵家为奴。

汉朝是有名的低税赋朝代，汉高祖刘邦立国之初对农民实行十五税一，汉文帝刘恒时期改为三十税一，其在位的十一年间竟然田租全免。

但在歉收的年份里，农民为了生存，往往会卖掉自己的土地，给地主当佃农，地主对佃农往往索取将近一半的收成作为田租，而地主自己则仍然只需要给政府缴纳三十分之一的收成作为田租。如此一来，农民实际上并没有真正从政府"轻徭薄赋"的政策中得到实惠。

汉朝不仅向农民收取田租，还需他们服兵役、劳役，另外还有一项税收叫作人口税。人口税不但成年人要缴纳，连孩子都得缴，所以更增加了农民的负担。因此，虽然田租减少了，但是农民的负担并没有减轻。他们继续上缴各种税费，譬如人口税，包括算赋、口赋、徭役、更赋等。

算赋是汉高祖四年（公元前203年）开始征收的，是对15岁至56岁成年人的课税，每人每年纳税120钱，叫作"一算"。

为了抑制商贾和豪强，商人或奴隶主要加倍纳税，每人每年240钱。汉代是在军事混战、人口大批伤亡之后立国的，为了鼓励人口的繁殖，提倡早婚早育，家里孩子多的要多向国家上缴人口税，逃避婚姻不生孩子或是晚婚晚育的，国家要加倍以罚金的形式对其进行处罚。《汉书·惠帝纪》记载："女子年十五以上至三十不嫁，五算"，也就是每年要纳税600钱。总之，只要你活着，就要为国家的经济事业作一番贡献。

《户律》规定：编入户籍的人员包括自耕农、佣工、雇农等。按姓名、年龄、籍贯、身份、相貌、财富情况等载入户籍。正式编入朝廷户籍的平民百姓，被称为"编户齐民"，他们具有独立的身份，被要求须依据资产多少缴纳赋税和从事徭役。

汉代大致可分为"细民"（或"小家"）、"中家"与"大家"三等。资财在3万钱以下者，属于"细民"；3万钱至10万钱属于"中家"；10万钱以上的是"大家"。

做百姓不容易，压力非常大，除了给个有名有分的户口外，似乎捞不到什么实在好处，还不如当奴隶。汉代奴隶不同于夏商周时期，他们仍然是有人身自由的，主人不能随意虐待或杀害他们。巨富之家的家奴，往往会被派去挖煤、炼铁、晒盐，运气好的奴隶可以随巨贾走南闯北贩卖各种商品，不仅能侍奉主人，还能游山玩水见见世面，工作娱乐两不误，比那些面朝黄土背朝天的农民舒服多了。于是，在汉朝就出现了这样的怪象：农民宁可卖身为奴也不愿去种地。

● 官属奴婢的来源

西汉时期，除了豪强地主拥有的私属奴婢外，还有隶属于国家的官属奴婢。官属奴婢是宫廷或京内衙署的服役人员，这类人几乎都是被籍没（即登记所有的财产，并将其没收）的罪犯。当然，大户人家一旦犯罪，他们的奴隶也会被收归官府，美其名曰

"官奴婢"，国家通过入官、赎罪、买爵等"优惠政策"收取费用。

汉朝富商大贾拥有众多私属奴婢，如《昌言》载："汉兴以来……豪人之室，连栋数百，膏田满野，奴婢千群，徒附万计。"汉武帝时期，连年征战，府库空虚，"乃募民能入奴婢得以终身复，为郎增秩"。根据奉献奴婢的多少会得到不同的回馈，低则免其终身赋税，高则升官发财。汉末，权贵越来越猖狂，他们囤积了大片土地和大量奴婢。汉哀帝时期，丞相孔光、大司空何武制定出拥有奴婢的标准，"诸侯王奴婢二百人，列侯、公主百人，关内侯、吏民三十人"，并提出"诸名田、畜、奴婢过品，皆收归县官"。即将规定之外多出的奴婢收归官府，转为官属奴婢。官属奴婢以东汉居多，有的负责为皇家饲养苑囿内的各类禽兽，一个人最少要照看10匹马，《三辅黄图》引《汉仪》注：三十六苑"宦官奴婢三万人，养马三十万匹"。有的在官府手工业作坊劳作，《史记》载："汉使曹参等击虏魏王豹，以其国为郡，而薄姬输织室。"意为汉有东西织室，在未央宫。魏王被虏，薄姬沦为婢女，进入织室，从事手工劳作。

古代将妓称为"官婢"，也称"官奴"，汉武帝为了缓解将士们的不满情绪，也曾设置营妓。

在田间劳作本是私属奴婢的主要工作，而官属奴婢也不例外，《史记·平准书》载："敢犯令，没入田僮。"说明汉代有专门在公田劳作的官属奴婢，汉代官府会直接组织官属奴婢进行集体耕作。

● 当个百姓不容易！

话说西汉王朝建立后，统治者吸取了秦朝横征暴敛、二世而亡的教训，实行轻徭薄赋、与民休息的政策，田租十五税一，徭役也大为减轻。农民的日子虽然没有以前苦了，但作为社会底层的奴婢，仍有没完没了的工作要做。

汉初旧制规定，平民百姓家的男子从23岁起至56岁，需服役两年。达到服役年龄的男子均被政府登记在册，他们有个别致的代号叫"傅"。汉景帝时期，曾把男子的服役年龄提前三年，即"二十始傅"，直到汉昭帝时期才恢复汉初旧制。汉代兵役和力役的主要名目如下：

一、正卒，即正式兵役。每个成年男子必须在规定的年龄服兵役一年，称"正卒"，主要是在本郡充当步兵、骑兵或水军。如遇特殊需要，可临时征调或延长服役期限。

二、更卒。成年男子每年要在郡县服劳役一个月，称"更卒"。"更"是轮番替换的意思，"更卒"指按规定时间每年轮流到指定地点所服的劳役。亲自去服役的叫"践更"；如本人不亲自服役，可以向政府纳钱，由政府雇他人服役，这种叫"过更"。

三、戍卒。丁男（指已到服役年龄的成年男子）一生中要到边疆屯戍一年，称"戍卒"；或者到京城服役，称"卫士"。此外，成年男子每年还有三天到边境戍边的任务。

汉武帝征讨匈奴时期，徭役就超过规定的数量。国家对盐铁实行专营后，征发民夫铸造铁器，也往往"发征无限，更徭以均剧"(《盐铁论·水旱》),称徭役为"更""更徭""更役",服徭役者叫作"更卒"。秦汉的徭役有广义与狭义之分,广义的徭役包括兵役在内,狭义的徭役则是指兵役之外的无偿劳役。换句话说,就是工业生产需要大量劳动力,这个劳动没有上限,无论是在时间上还是人员数量上都是多多益善!

计划没有变化快,汉朝与匈奴的战争延长了正卒的服役期限,东汉桓帝时流行这样一首童谣:"小麦青青大麦枯,谁当获者妇与姑,丈人何在西击胡。……"(《后汉书·五行志》)地里的小麦泛着青绿,大麦已经枯黄,只有妻子和婆母在田里进行收割,男子们到哪里去了呢?他们都应征入伍去攻打匈奴去了。可见,汉代百姓实际服的徭役,要比制度规定的重得多。

除此之外,最要命的是"人口税",小孩子分不到地,却要照常交钱,如果不交,一不小心就会被拉去充当官奴。乞丐和流氓都在政府的册子上有记档,也得交钱。思来想去,农民们还是觉得做私属奴隶划算:主人要为自己的奴隶缴纳双倍人口税,只要自己老实干活,雇主不能轻易开除他们。羊毛出在羊身上,地主们还需要他们创造更多的财富呢!当然,当一个左右逢源、兢兢业业的奴婢也不是件容易的差事,吕坤《呻吟录》中记载过这样一个生活中关于奴婢与主人之间的小插曲。

有人给主人家送来一根木料,家僮说:"留下可以做成房梁。"主人道:"木料太小,不能做房梁。"家僮随机应变道:"可以做栋。"主人挑剔说:"不行,木料太大,不适宜做栋。"家僮只能赔笑说:"同一根木料,您忽而嫌它大,忽而又嫌它小。"主人便讲出一番大道理:"小子,你懂什么,这木料虽然不能做栋、梁,也可以有其他用途啊！"看来，做个跟得上主人节奏的奴婢，还得懂点儿深奥的哲学思想。

小僮生炉子，左一趟右一趟，好不容易装了满炉子炭，室内温暖如初夏，有些微热，主人埋怨道："炭太多了。"小僮只得用水把炭都浇灭了，只留下三两个火星。主人叹息道："炭太少了。"小僮抱怨说："火炉是同一个，一会儿嫌炭多太热，一会儿又嫌炭少太冷。"主人说："小子听着，你懂什么，做事情要讲究一个度字，岂止是火呢！"

● 窦少君：被拐卖的国舅爷

在汉朝，穷到极限，百姓便会卖妻卖子救急。《汉书·严助传》载："数年岁比不登，民待卖爵、赘子以接衣食。"《汉书·贾捐之传》记："民众久困，连年流离……至嫁妻卖子，法不能禁，义不能止。"汉朝后来已在法律上禁止卖子。汉元帝时期，御史大夫贡禹曾上书说民间因贫困而被迫杀子的情形。《汉书·贡禹传》云："禹以为古民亡赋算口钱，起武帝征伐四夷，重赋于民。民产子三岁则出口钱，故民重困，至于生子辄杀之，甚可悲痛。宜令儿七岁去齿乃出口钱，年二十乃算。"

大批百姓涌入富裕的大户人家，男子为"奴"，女子为"婢"，"古制本无奴婢，即犯事者或原之。臧者被臧罪没入为官奴婢。护者逃亡护得为奴婢也"。(《风俗通史》)两汉时期，随着商业资本的增长，土地兼并严重，赋役负担繁重，奢侈之气盛行，周边连年用兵，奴婢的需求量不断上涨。

据《史记·外戚世家》记载，汉景帝之母窦太后的弟弟、国舅爷窦广国（字少君），"少君年四五岁时，家贫，为人所略卖，其家不知其处"。这位国舅爷少年时被人贩子拐卖，因为窦家穷，家里人没有能力和银子去寻找。窦少君被人贩子辗转卖了十几家，最后被卖到河南宜阳的山中烧炭，在黑炭场里遭遇泥石流，居然死里逃生。大难不死，必有后福，劫后余生的人，无论长幼都更加珍惜未来的生活，于是他卜了一卦，得了一个上上签：数日当为侯。

窦少君将信将疑，直到数日后，刚随主人回到长安的他得知了一个好消息，汉文帝新立的皇后窦氏与自己是同乡人，窦姓者极少数，对照新皇后的年龄，极似当年被选进皇宫的姐姐，再细思之前所卜的上上签，他更笃定自己的直觉，便决定上书认亲。

当时窦家父母早已故去，有人上书认亲，难保不是冒认皇亲，窦少君为了证明自己是正牌国舅爷，特意提到年少时的经历。他曾跟着姐姐去采桑，从桑树上掉下来。可那个时期，生活在农村，采桑太普遍了，而且桑树有两三米高，对小孩来讲已是参天大树，从树上掉下来也很正常，窦氏继续追问："还有其他细节吗？"

少君回答说："当年姐姐被选进宫时，和我在驿站诀别前，她请求驿站的人给我洗了个澡，又请我饱餐一顿。"

一入宫门深如海。长相可以骗人、岁月可以瞒天过海，但长亭一别十几年，而昔日的过往仿佛就在昨天，历历在目。身居后宫多年，自己一个出身贫寒的丫鬟，要无师自通地学会察言观色，学会歌舞弹唱，无不是取悦他人，而真正的亲情和关爱，即便是面对万人之上的皇帝丈夫，依旧是谨小慎微、步步为营。窦皇后抱着弟弟痛哭，多年的委屈一触即发，不可收拾。身旁的奴才见皇后落泪了，也顺势跪下带着哭腔，她们把眼前的少年想象成自己阔别多年的亲人，泪水决堤。

贩卖人口与群盗、盗杀伤人、盗挖坟冢等重大罪行并提，并处以磔刑（割肉离骨，断肢体，再割断咽喉）。为了体现对贵族的保护，拐卖有贵族身份的人贩子常常不得好死。

● 奴隶的工作内容！

当我们正在为朝九晚九起早贪黑的"996"作息怨声载道时，在IT界"码农"深夜十二点打开出租房门倒头就睡的日子里，已然觉得生无可恋。但回顾汉代劳工的工作状况，就知道现在的人生是多么值得珍惜和拥有！

西汉著名辞赋家、四川人王褒（约公元前90—前52年，字子渊）所著的《僮约》（即主奴契约或对奴仆的种种约束规定）是一份很重要的资料。

王褒到湔山办事，住在寡妇杨惠开的客栈，他点了饮品，但店里却没存货了。老板娘杨惠叫自己的奴仆便了去取货，那时取货不像现在这么方便，几乎是跨越崇山峻岭的长度，再赶上炎炎烈日的炙烤，想想都够了。便了很不情愿，想找个冠冕堂皇的理由推脱："俺的使命是看家，买东西的事不归俺管！"

遭遇到这样叛逆的奴仆令王褒非常不爽，扬言要买下这个奴仆，好好收拾他一番。而老板娘也早有此意，无奈一直没有合适的机缘。见王褒有此意，便佯装答应，才华横溢的王褒随手写下了做自家奴仆的规矩："一早起床，洒水扫地；早餐之后，洗净餐具；捆扫帚，做酒斗，通水渠；圈篱落，平阡陌，除野草；织鞋捕雀，设网捉鸦，结网捕鱼，射雁弹鸭；喝酒只能喝一口，房屋坏了立即修；半夜持盾敲锣鼓，防火防盗防奸人……"

便了读了之后有一种世界末日即将来临的幻觉，当初自己只是想偷个懒，不料却弄巧成拙惹上了这样一个大麻烦，素来个性乖戾的便了仿佛一瞬间长大了，他以无比诚恳的语气向王褒道歉，之后火速冲出门买东西去了。

《汉书·食货志》记载，汉代所有士兵都是义务兵，壮丁到23岁就开始服兵役，摸爬滚打熬过两年的艰难岁月后，还不算完，他们随时会被拉去修道路、修桥梁、修城墙，干苦力活儿。前脚刚一到家，饭碗还没拿稳，就又该缴税了！天晓得大部分时间都在充当免费劳动力的他们上哪儿去弄这笔钱，那一亩三分地还不够果腹的。缴不起税就得面临被打被赶，全家流离失所过着乞丐般的日子，与其拥有这样虚无缥缈的自由，还不如跟着大户人家成为有钱任性的豪奴，也算是不枉人世走一遭。陪着主人饮酒作乐，陪着主人游山玩水，吃吃喝喝。如果是登上台面的奴隶，穿着也不能太差，否则有损主人身价，沾着主人的光，就算残羹冷炙也比饥肠辘辘强得多！

● "幼孤"的境遇

"孤儿生，孤子遇生，命独当苦！父母在时，乘坚车，驾驷马。父母已去，兄嫂令我行贾。南到九江，东到齐与鲁。腊月来归，不敢自言苦。头多虮虱，面目多尘。大兄言办饭，大嫂言视马。上高堂，行取殿下堂，孤儿泪下如雨。使我朝行汲，暮得水来归。手为错，足下无菲。怆怆履霜，中多蒺藜。拔断蒺藜肠肉中，怆欲悲。泪下渫渫，清涕累累。冬无复襦，夏无单衣。居生不乐，不如早去，下从地下黄泉！春气动，草萌芽。三月蚕桑，六月收瓜。将是瓜车，来到还家。瓜车反覆。助我者少，啖瓜者多。愿还我蒂，兄与嫂严。独且急归，当兴校计。"

"乱曰：'里中一何譊譊，愿欲寄尺书，将与地下父母，兄嫂难与久居。'"（《乐府诗集·孤儿行》）

孤儿出生在世，遇到生活不幸，命运是如此悲苦！当年父母健在时，乘的是坚固大车，驾车的是四匹壮马。如今父母去世，兄嫂让我四处经商，南至九江，东至齐鲁。寒冬腊月回到家，不敢向人诉苦。我的头上长了许多虱子，脸上也满布尘土。大哥让我去做饭，大嫂让我去看马，一刻也不得闲，孤儿泪下如雨。我的双手冻得裂开，赤着脚在雪地上前行，路上有许多蒺藜刺嵌进双脚，疼痛难忍。双泪下垂似水流，两鼻流涕不断绝。如此这般活在世上受罪，不如早些死去，到地下找父母团聚。春天气温转暖，草木发出新芽。三月里采桑养蚕，六月里摘果收瓜。推着瓜车小跑回家，不料半路翻车，帮我拾瓜的人少，抢我瓜吃的人却多。希望有人把瓜还我，兄嫂待我苛刻，瓜果少了，回家又会有番责骂。

家中喧呼责骂已像开锅。我想写封书信，带给地下父母：我实在难同兄嫂在一起过。

《后汉书·隗嚣传》说到两汉之际因"攻战""苛法""饥馑""疾疫"等社会危机、自然灾害、行政失败导致的严重灾难，"攻战之所败"列在最先，这些幼孤妇女最后多会被俘成为奴隶。

卫青的生父郑季在姐夫府上找了份工作，无所事事又寂寞难耐，于是他与府中的奴婢卫媪私通，卫媪意外怀孕生下了卫青（随母姓）。卫青稍大后被送到生父郑季的家里，然而不幸的是郑季的原配妻子看到卫青，仿佛见到了丈夫媾和的证据，想杀又觉得不妥，便选择了用虐待的方式让卫青去做最低劣的活儿，父亲郑季对自己这个出于情欲而非爱情产物的儿子也没多少感情，任凭原配定夺！

小卫青自此过上了不是孤儿胜似孤儿的生活：起早贪黑去放牧羊群，免不了风吹雨打，忍饥受冻。夜幕降临，累了一天的卫青回到家中，也得不到温暖，家里人像使唤奴仆一样对他颐指气使、发号施令、百般刁难，稍不如意，就对其打骂。

小卫青渐渐适应了这种忙碌的生活，他觉得羊群比家里那些虎视眈眈的人可爱多了，大自然的美丽风光、牧童伙伴们的纯朴友谊，要比那个"家"温馨得多。冷漠的环境、艰苦的生活、辛勤的劳动，磨砺了卫青吃苦耐劳、刚毅坚强的性格。有一次，他随人外出，一个刑徒（罪犯）见卫青一表人才、气宇不凡，便对他说："你有贵人相，将来是要封侯的。"卫青觉得这话太不靠谱了，自己在家中都没有地位，怎么敢奢望封侯立爵。卫青苦笑着答道："我就是个奴仆，能不挨打受骂就不错了，哪儿敢去妄想什么封侯的事呢！"

● "僮儿""僮子""小僮"

自战国以来，汉代富裕人家拥有相当数量的"僮"或"童"，即被奴役的未成年人。"僮"通常专指未成年的"奴婢",随侍主人身侧,承担生活服侍性质的工作。

"诸侯并起,民失作业,而大饥馑",社会上出现"卖子"现象。汉武帝时期,军事扩张导致社会压力大增,百姓缴纳不起银子只能卖妻卖子。战争需要银子,整个社会都要为战事消耗的内源效劳。

"赘子"就是把自家的孩子卖给有钱人家当奴婢,因为缴不起税的百姓越来越多,这直接导致了有钱人家的劳动力越来越多,干得活儿多,大户人家的财产也随之增长,但国家所收到的税款却越来越少了,这是怎么回事呢?原来,是有钱人家隐匿财产、偷税漏税。

元鼎三年(公元前114年)十一月,国家出台了一则法令叫作"告缗",即鼓励百姓告发偷漏缗钱者,如告发属实,将收缴钱财的一半赏给告缗者。重赏之下,必有勇夫,下诏没多久,就有人踊跃"告密",国家仿佛一夜之间又恢复了元气。汉武帝将没收来的田地、奴婢分发下去,水衡、少府、太仆、大农等部门设置农官,经营没收来的土地。这一大批充公的奴婢,开始为国家服务,饲养禽畜或在官府担任杂役。"卜式相齐,而杨可告缗遍天下,中家以上大抵皆遇告。杜周治之,狱少反者。乃分遣御史廷尉正监分曹往,即治郡国缗钱,得民财物以亿计,奴婢以千万数,田大县数百顷,小县百余顷,宅亦如之。"(《汉书》)

除此之外,权贵人士看舞乐百戏,也需要有奴仆。奴仆执长扇助主人纳凉,或是站在主人身后障尘蔽日。当然也不是所有文官武将都这么讲究,夏天的时候将领故意不撑伞,以显示其亲民感。太公曰："将冬不服裘，夏不操扇，雨不张盖，名曰礼将。"（吕望《六韬》）说的就是将领隆冬不穿皮裘，夏天不摇扇，雨天不撑伞，和士卒共寒暑，这才算得上是懂得礼数的将军。

● 绝望中的生机：守陵

宫女是最高级别、最具神秘色彩的奴婢，她们有机会接触高官职的人，自然有更多机会平步青云，但飞黄腾达者毕竟凤毛麟角，大多数人终其一生都是默默无闻。在宫斗硝烟中有惊无险苟活下来的宫女们，或是削发为尼，或是被发配去守皇陵。

刘邦去世后，吕后大显身手，将昔日没有为刘家生育子嗣的宠妃们，名正言顺地发配到陵园守灵。汉成帝的妃子班婕妤为名门之女，曾生下一个儿子，但几个月后便夭折，之后再无生育。赵飞燕姐妹得宠后，怕遭迫害，便主动申请去长信宫侍奉太后以求自保。汉成帝去世后，班婕妤到陵园守陵，离世前留下绝笔："永终死以为期，愿归骨于山足兮，依松柏之余休。"

陵园既是死人的归处，也是活人的避风港。这里没有光芒万丈的繁华，是埋葬野心的地方，也是她们再生的人间天堂。死后葬入陵园的班婕妤史册留芳。大部分守居陵园的宫女，皇帝一驾崩，她们的人生已行将就木，借着守灵柩的由头，打发余生。陵园也是最安全的地方，再不必看风声、观眼色活在放大镜中，自此身心可稍作解脱。

守陵纵使清寂，也远胜于被活生生拉去殉葬，算是不幸中的万幸，自此更加珍爱余生，"只合当年伴君死，免教憔悴望西陵"。

（罗隐《相和歌辞·铜雀台》）铜雀台类似一座古墓的前台，那些侥幸没有被拉去陪葬的宫女，无论心情如何都要强颜欢笑在逝者的墓前载歌载舞，在九死一生的宫廷中苟延残喘，这恐怕也是宫女们内心中难以言说的煎熬吧！

● 人间理想：成为庶人

普通老百姓也称"黔首""庶民""平民"。春秋时期，"庶民"又称"庶人"，是农民或美其名曰"农业生产者"。私营工商业兴起后，手工业者也可以泛称为"庶人"。被迫沦为奴婢的人还是向往庶人生活，这样首先可以获得一块土地，娶妻生子过平凡的日子。然而成为普通百姓就一劳永逸了吗？这只不过是人们一厢情愿的幻想罢了。罪人、奴婢是记有案底的，庶人名籍备案里写得清清楚楚，之所以留有那么多记录，是因为要防止这些没身份、没背景却有不良记录的人逃跑。

逃离主人的手掌心没那么容易，"代户奴婢"不能超过一人，且优先考虑被主人长期使用或有子女，或被主人指定有权继承其田宅或余财并报告给官府的奴婢。这样，奴婢不但获得了自由身，以后的生活也有了一定的保障。但这一切都是有前提的，奴婢为主人侍寝，与主人生有子女或与主人沾亲带故，可以母凭子贵，因此奴婢可以顶着生育的重任作为赌注。但这种事情也由不得她们，如果能够被临幸是件巴不得的好事，《汉旧仪》载："官人择宫婢年八岁以上侍皇后以下，年三十五出嫁……"这些宫婢在出嫁之后，身份应为庶人。卫子夫本为"平阳主讴者"，出身低微，但被汉武帝宠幸后封其为皇后,其弟卫青亦由奴仆升至大将军。长沙定王发,其母唐姬,就是"程姬侍者"。

《二年律令·金布律》载:"有赎买其亲者,以为庶人,勿得奴婢。"放免为庶民的奴婢重新沦为奴婢要受到法律的制裁。《汉书》卷十七《景武昭宣元成功臣表》记载:"鸿嘉三年(公元前18年),(侯夷吾)坐婢自赎为民后略以为婢,免。"这说明奴婢赎免之后,身份与庶人等同。

至于男性奴仆,通常是无法凭借肚子为自己扬眉吐气一把,但上天也给他们开了另一扇通往幸福之门的窗,即军功、戍边、迁徙或皇帝下诏、以钱赎免。因盗窃被罚为官属奴婢,需要50万钱换得自由身,《汉书》卷二十八《地理志》"乐浪朝鲜民犯禁八条"规定:"相盗者男没入为其官奴,女子为婢,欲自赎者,人五十万。"

汉律规定,放免私属奴婢是有条件的:一是"为善",若奴婢放免后道德水平不高,主人有权重新奴役他们;二是被放免的男奴称为"私属",女婢称为"庶人",替主人干活。只有在主人死亡或犯罪的情况下,他们才能获得人身自由。男奴要成为身份自由的庶人,必须经过两个阶段:先做私属奴婢,再做庶民。奴婢表现好,可以得到主人的放免,有助于提高奴婢事役的积极性。

奴婢从军,用"斩首"的军功获取爵位,赎免自己或亲友的奴籍身份。在战国时期,特别是商鞅变法以后,对外战争频繁,秦国在对东方六国的战争中,斩首达160余万人,其中不少奴婢因献上敌人的首级成为自由的庶人。

● "臣"

"臣"的甲骨文字形，像一只竖着的眼睛。郭沫若在《甲骨文字研究》中载："人首俯则目竖，所以像屈服之形者。"

被抓获的战俘沦为胜者的奴隶，"臣"的本义，专指男性奴隶。《说文解字》载："臣，象屈服之形。"《礼记·少仪》载："臣则左之。"郑玄注说："臣谓因俘。"

"臣"在古代的另一层意思是指君主时代做官的人。《说文解字》中载："臣，事君者也。""侍中、尚书、长史、参军，此悉忠良死节之臣。"（诸葛亮《出师表》）

"臣"也是官吏、百姓对君主的自称，《左传·僖公五年》载："臣闻之鬼神非人实亲，唯德是依。"宫之奇在虞公面前自称为"臣"。清朝的典章制度规定，满族官员在上呈奏章时，可以自称"奴才"；汉臣上呈奏章时只能称"臣"，不得自称"奴才"，否则就是"冒称"，要受到惩罚，可见"臣"的地位之低下。

● "妾"

"妾"的上半部是一个"辛"，像一把"平头铲刀"。郭沫若在《甲骨文字研究》中说："'辛'是给有罪者或异族俘虏行黥刑时所用的刀、凿一类的刑具，黥刑无法表现在简单的字形之中，所以借用施刑的工具来表现。"《说文解字》载："妾，有罪女子给事者。"

"妾"又指一夫多妻的婚姻制度结构中，地位低于正妻的女性配偶。周代贵族女子出嫁，需要同族姐妹或姑侄陪嫁，称为"媵"，成为侧室后，地位比妾高。后世，媵和妾地位等同。古时女子谦称为"妾""妾身""贱妾"，类似于男人自称的"仆"。孟郊《织妇词》中有云："夫是田中郎，妾是田中女。"

"臣妾"指身份地位低贱者，是男女奴隶的总称。《尚书传》载："役人贱者，男曰臣，女曰妾。"《晋书》载："天戒若曰，臣妾之不可者，虽亲贵莫比，犹宜忍而诛之。"《汉书》载："陛下诚复立六国后，此皆争戴陛下德义，愿为臣妾。""夫大王以千里为宅居，以万民为臣妾，此高皇帝之厚德也。""臣妾"也指臣服者、被统治者，如《史记·吴太伯世家》《伍子胥传》中有"请委国为臣妾""求委国为臣妾"语，《汉书·西域传》有西域小国"称臣妾"语。

臣子和帝王对话时，称自己的妻子为"臣妾"，即"臣之妾""贱内""拙荆""至臣妾皆有子女，年已老大，并无歌儿舞"。（《清史稿》）

● 董永卖身葬父

时逢战乱，人们不能像过太平日子那样正常播种收获，能干活儿的都被拉去打仗，留在家里的老弱病残好不容易种的一亩三分地，还被军队生生践踏。米缸里没有粮食，人们饥不择食：草根、野果，甚至树皮都成了果腹的精品，当这些东西也被如饥似渴的百姓抢光时，他们只能将希望寄托在黄土地上，将黏土做成饼充饥。

人与物的最大抗衡，到最后演化为人与人的战争，人们聪敏地洞察到人本身就是上天最好的馈赠，于是同类相食。难以想见，饥民相杀而食的混乱情形，在熙熙攘攘的市场，夫牵妇、父牵子，人与牲畜一样都成了血淋淋的食物，等待与猪羊般被屠宰开剥的命运。不仅活人可以拿来肆意买卖，就连死尸也成了可圈可点的粮食。军中缺粮严重之时，古人便将死尸腌成咸肉，把一具具咸肉装到空空的粮仓车上，充当军粮。吃着自己的同类，最开始还有几分不适，到最后就是心安理得，人们习惯了这种食物，就像习惯了大鱼大肉一样。实际上，人只不过是高级动物，在战争肆虐的日子里，活着就是胜利！至于灵魂，那是物质丰盈以后的事情。

永兴割据者赵思绾与朝廷军对抗，苦苦坚守一年，在弹尽粮绝之际杀人为食，他还写了几句话鼓舞自己和战友的士气：吃啥有啥，吃了胆，自会壮英雄胆！被围剿期间，他共吃了66颗人胆。

"杀人""卖人""吃人"是古代战争时期常见情境的关键词，而贩卖自己，也成了黔驴技穷之策。汉代千乘县人董永，母亲在他很小的时候就去世了，他和父亲相依为命，其父病重不能务农，让父亲一个人待在家里他又不放心，怕被豺狼野兽吃掉。到田里干活时，董永就推着窄小的车子，带着父亲同去。

父亲生病后，家中所有积蓄都用在了给父亲治病上，待到父亲去世时，董永再无力支付安葬费用，家中从里到外，实在没有什么值钱的东西了，于是他就把自己卖给人家当奴仆。古代，一日为奴，世世代代几乎都无法翻身了。安排父亲的身后事需要多少钱呢？据说是1万钱，西汉规定1万钱（五铢钱），相当于2.4斤黄金。秦汉时期的黄金与黄铜不分，二者同价。秦朝的1斤约等于今天的252.8克，2.4斤约合今天的1.2斤（607克）。按400元/克的黄金价格计算，"万钱"等同于今天的人民币24万元。

为了这笔巨款，董永也是拼了：他写了一张卖身契，后背插上草标，跪在集市等待买主的到来。围观的人里三层外三层，叽叽喳喳询问怎么回事，只在精神上给予他同情，然后爱莫能助地叹叹气，如鸟兽散。后来，一个富豪路过，愿成其之美，便以1万钱买了他，约定董永为父亲守丧满三年后，再到家中当长工。

董永用卖身为奴换来的1万钱为父亲办完丧事后，在父亲的墓前搭了一间草棚，虔诚地为父亲守孝。《孝经》里说："孝子之事亲也，居则致其敬，养则致其乐，病则致其忧，丧则致其哀，祭则致其严，五者备矣，然后能事亲。"董永是也。

同是天涯沦落人：女妓

《陶庵梦忆》卷四中曾描写过女妓站台的画面：每日傍晚，在错落的狭窄的巷子口，一些女子清洗梳妆，涂着最劣质的头油，涂脂抹粉收拾一通，尽量让自己看起来赏心悦目，像是去迎接贵宾。她们想用胭脂粉化自己凄怆的内心，竭力说服自己意难平的内心，要按捺、要控制、要故作欢天喜地。对她们来说，生存本身要比尊严更值钱，那层吹弹可破的"尊严"对于她们而言比不上一顿实惠的午餐。她们很清楚自己低微的身份，自己今晚死去，次日江湖中再无人惦记。

她们在人流涌动的巷子口，在茶馆酒肆之前，等待顾客的"垂怜"。为了避免受饿受笞，在略带凄楚的笑言哑哑声中故作光鲜，是她们情非得已的选择。幸运儿有权选择自己的人生，但对于她们而言活着本身已是奢侈，她们一边勉强生存着，一边在乌烟瘴气中遭人唾弃。

对于嫖客来说，这些任人宰割的羔羊是他们的玩具；对于倒卖她们的鸨母和教坊来说，这些女子是她们赚钱的工具，时刻逼迫着她们干活；但对于这些以色貌侍人的妓女而言，每天都生活在人间地狱，花枝招展的她们哪个想迎合那些粗鄙好色之徒？细声软语低到尘埃中的她们，哪个想低三下四、任人羞辱、鞭笞谩骂？

娼妓是纯粹以出卖肉体为职业的一群人，随着嫖客的要求升级，后来又陆续出现了通晓各种技艺的人群：巫娼、歌妓、优妓、诗妓、舞妓、琵琶妓、筝妓、侍妓等。这些女子大多数出身寒微，也有少数出身贵族却家道中落沦为妓，她们在独处的时候常暗自泪垂："奴本是明珠擎掌，怎生的流落平康？"（元·真氏《解三醒·奴本是明珠擎掌》）

她们本是被迫害的对象，但那些亵玩过她们的名士才子们依然可以心安理得地青史流芳，却没有几人愿与之偕老，她们生也忧患、死也悄然。那些道貌岸然的淫色之徒，以一副神圣无瑕的王者之姿给她们起了各色的代称谩骂欺凌，一直到清代晚期，她们都是被侮辱和凌虐的对象，她们是在凌乱的社会中苟延残喘的弱者，更是值得关注和关怀的群体。

● 妓院的雏形：女闾

春秋初期，管仲设"女闾"。"闾，里中门也"，指古代街巷的门。"女闾"指宫中女乐所居之门，即宫中淫乐场所，也就是官方认可的妓院。此地一出，便一发不可收拾，陆续出现了宫妓、官妓、营妓、私妓等不同类型的妓女，宫妓只属于国君，汉武帝宫中除众多嫔妃外，还有成千上万的宫妓。唐朝的教坊女乐也是宫妓的一种，是后世妓业的源头。官妓服务对象比宫妓低，是供地方官吏消遣的妓女；营妓是安置在军中的卖淫女子，汉武帝下令让罪犯的妻女、官属奴婢组成女营随军从征，于是最早的一批慰藉军士的女子在汉武帝的号召下诞生了；家妓是私家蓄养的美女。

辽国的官办妓院为"瓦里"，妓女多以"子"为名字，如香子、花子等。东汉顺帝时，外戚梁冀"多取良家美人，以为家妓"。

《战国策》记载："齐桓公宫中七市，女闾七百，国人非之。"齐桓公在宫中吸纳了700名妓女，老百姓都骂她们。然而，妓女们也很无辜，她们大多是没有人身自由的俘虏和奴隶，但为了增加经济收入，牺牲点儿女色又算什么？

为了活跃市井，管仲在都城临淄办了七间官办的妓院（"女市"），每间有妓女100人，共700人，后来又增加至2000人。他国商旅是要付出代价的，吃喝玩乐是一笔大开销不说，嫖娼也要收费。

在丞相的鼓动下，齐国的商业空前活跃，《战国策·齐策》记载齐国首都临淄盛极一时的繁华景象："临淄甚富而实，其民无不吹竽、鼓瑟、击筑、弹琴、斗鸡、走犬、六博、蹋鞠者；临淄之途，车毂击，人肩摩，连衽成帷，举袂成幕，挥汗成雨；家敦而富，志高而扬。"临淄简直成了热闹的旅游景点，有钱人在大街上玩耍，而且大家都像赶集似的呼啦一下好奇地走入临淄，很大程度跟声色娱乐行业的发展脱不了干系，想想大腹便便富甲一方的商人呼朋引伴地叫嚣着："走啊！看美女去啊！"临淄像变戏法似的从一个普通的地级市，一下子上升到首都的级别。30万民众聚集于此，这些人主要有两种：一种是前来消费的，另一种是为消费者服务的小摊小贩，他们打造了一道最亮丽的风景。

● 田倩：我的丈夫是管仲

田倩是齐国人，以妓女的身份嫁给了齐国名相管仲。管仲身上有着譬如政治家、军事家、经济学家等闪亮的称号。春秋五霸之一的齐桓公之所以能第一个成就霸业，与管仲的辅佐不无关系。

他建立了经久不衰的行业——娼妓业，他设置了拥有700名妓女的"女闾"。由于头脑灵活，他的这些举措为齐国带来了大把好处，一是通过税收增加了政府的财政收入，二是有利于社会安定，三是吸引了大量人才，四是送妓予敌、兵不血刃。

管仲的这些操作，并不是空穴来风，这股头脑风暴很大程度取决于他的夫人。他的夫人田倩就是一名青楼女子，田倩15岁被选入妓院，豆蔻年华明媚鲜妍，礼仪歌舞秀外慧中，加之天生伶俐，很快便在美女如云的妓院里脱颖而出。

齐国有个才华横溢却郁郁不得志的书生宁戚。一次齐桓公出游，宁戚故意准备好道具，在一旁敲着牛角像复读机一般重复着"浩浩乎白水"，当时齐桓公不明所以，问他原因，宁戚兜着圈子让齐桓公去问管仲。管仲听到这样一个高难度的问题绞尽脑汁想了好几天，还是不能参透其中答案。愁眉不展的管仲看到田倩便抱怨宁戚没头没尾说出这么一句话。田倩的父亲也是个读书人，聊天时曾提起宁戚。田倩开导管仲："家父曾经教导小女子，年老、家世不好、不懂人情世故都不能说明问题。十步之内，必有芳草，十里之内，必有知音。太公70岁在屠牛，80岁成帝师，90

岁被封诸侯。再看伊尹虽出身低微，最后却成了贤相，辅弼商汤建立商朝。"

管仲一直以为田倩靠美色，没想到居然是靠才华！田倩背起《诗经》："'浩浩白水，鯈鯈之鱼，君来召我，我将安居？国家未定，从我焉如。'宁戚把自己比作一条悠游水中的鱼，希望齐桓公能把他钓上岸治理天下呢。"日理万机的管仲早就忘记背诗了，听完田倩的解释茅塞顿开。田倩继续美言："龙乘云，虎生风，相爷上任以来都累瘦了，有个助手岂不更高效？"

管仲听后赞叹不已，此一奇女子也！第二日他便面见齐桓公，将宁戚之意告之，建议桓公提拔宁戚。后来，宁戚果真被擢为副相，而田倩则做了相国夫人。

传说管仲想纳田倩为妾觉得没面子，便奏请齐桓公做主保媒。齐桓公召见田倩，见此女子果然不凡，艳若桃李、才华横溢，便赐给田倩一些锦帛，让管仲名正言顺地娶了田倩。

堂堂一个相国娶了出身卑微的妓女，远不是攀附权贵、玩弄风雅所能成事，若是比起那些谄媚作态、谋害忠良的蝇营狗苟之徒实在可爱、可敬得多。管仲娶的并不是一个徒有其表的女子，而是一个女参谋，在重大问题上，田倩为其献计献策。诸侯纷争，齐国不能独大，田倩提议和赵国强强联合……曾沦为妓女的女子，不仅改变了自己的人生轨迹，也改变了一个城市的发展进程。

● "鸨"是什么东西？

"鸨"是一种鸟，一般生活在欧亚大陆的北方草原地带，是冬季南迁的候鸟。鸨鸟很早时候就有了，因其体积较大、身材肥硕、不擅飞行，易遭到人类的捕杀，以致消失得很快，现在几乎见不到了，属于濒危灭绝的动物。

《史记》记载："鸨，音保。"郭璞云："鸨似雁，而无后指。"《毛诗鸟兽疏》云："鸨似雁而虎文也。"这些文字描述了鸨的外貌，可见鸨是一种类似大雁的鸟。对于鸨的最早记录是《唐风·鸨羽》："肃肃鸨羽，集于苞栩。……肃肃鸨翼，集于苞棘。……肃肃鸨行，集于苞桑……"这首诗是借鸨鸟来隐喻农民凄苦的生活，因为鸨鸟有蹼却没有后趾，只能浮水和奔走，不能抓握树枝在树上栖息，如今却只因生存苟且树上，比喻农民因为徭役不得不放弃本来的务农生活。这首诗描写了鸨鸟的生活和栖息的习性，可见当时的人们已经对鸨鸟有了一定的了解。

《说文解字》载："鸨，鸟也。肉出尺。"是说鸨鸟肉质鲜美。鸨鸟是益鸟，吃鱼、昆虫等，还吃蝗虫、毛毛虫、金龟子等危害农业生产的害虫。

老鸨有不同代名词：

1. 虔婆。这种叫法在元代居多，如《牡丹亭》第三十七出讲道："石虔婆他古弄里金珠曾见来。柳梦梅，他做得个破周书汲冢才。小姐呵，你道他为什么向金盖银墙做打家贼？"《琵琶记》第十八出载："倒不如做虔婆顶老，也落哗鸭汁吃饱。"《全元剧·关汉卿·赵盼儿风月救风尘》载："词云只为老虔婆爱贿贪钱，赵盼儿细说根源。"

2. 龟婆。《死水微澜》第二部十一载："这事情太小了，周太爷落得搭手，把龟婆叫来，打了招呼。""龟婆"属于地方方言，罗尔纲注："广州系方言叫鸨母为龟婆。"

3. 皮条客。这个称呼出现在清代，源于当时北京的皮条营。那个时期有许多人力车夫在皮条营周围拉客，许多嫖客坐人力车夫拉的车去皮条营做皮肉生意，久而久之，就称专在皮条营周围拉客的车夫为拉皮条的，后来引申到做妓女与嫖客中间人的妓院老板娘的身上。此外，"老鸨"还可称作"鸨母""鸨儿""鸨子"等，这些词汇都由鸨鸟演变发展而来，只是在"鸨"字的基础上做了轻微变动，释义相同。

"鸨"本是一种鸟类，而且是一种益鸟，但其本义现在已很少为人所知，原因主要有两点：一是鸨鸟已经濒临灭绝；二是"老鸨"是妓院老板娘的代名词，却因人们对她们的厌恶，而遭遇无数谩骂与误解。

● "老鸨"如何变成妓院老板娘

作为普通鸟类的鸨，是如何与被世人诟病的妓院老板娘联系在一起的呢？首先，与鸨鸟的行为习惯有关。古代在草原上生活的鸟类有很多，如大雁、雉等，每当动物发情时都会有交配行为，其他鸟类因体态轻盈、擅于飞行，交配行为不易被人看到。但是鸨鸟因身材肥硕，最不擅飞行，古人容易观察到其交配情况，给人们留下了"喜淫而无厌"的印象。"鸨"的造字手法也与喜淫有联系，《六书正伪》中提到"鸨"字的左上半部"匕"是："比之省也。从十，十，相比。""匕"是雌性生殖器的符号，"十"是雄性的符号，"匕"加"十"也被一些人认为是交配的意思。

其次，人们对鸨鸟有误解。古时候，人们以为鸨鸟只有雌鸟，没有雄鸟，它们的繁殖是通过与其他鸟类进行交配，并且求偶的时候动作夸张，让人们觉得它们"喜淫而无厌"。

实际上，鸨鸟是有雄性的。求偶本就是动物本性，而且多以雄鸨主动，但鸨鸟雌雄难辨，人们便给雌鸨扣上了"喜淫"的帽子。此外，与妓院老板娘的职业有关。一般而言，妓院老板娘年轻时多从事妓女行业，年老色衰之后无法招揽客人便转行作为组织者，同时也是嫖客和妓女的中间人。虽然同样从事过这个行业，但妓院老板娘并无多少同情心，她们贪财的理性要远远大于感同身受的感性，正如元杂剧《杜蕊娘智赏金线池》所言："正是：小娘爱的俏，老鸨爱的钞。则除非弄冷他心上人，方才是我家里钱龙到。"

鸨母更像个地地道道的商人，她们目标明确且单一，通过手里的女孩资源捞点儿钱，对她们万般折磨千般虐待，只图这些女孩能乖乖讨好嫖客，早日脱手嫁出去，自己好赚取一笔不小的费用。鸨母们虽然手段狠毒辛辣，但也有温柔的一面，对自己亲生的女儿则非常宝贝，《海音诗》："台妓不堪鸨母之苦，常速嫁；鸨母但图厚聘而已。所生之女，则乐而忘嫁，索聘亦廉。"

明代开始，用"老鸨"称呼妓院老板娘。"妓女之老者曰鸨。鸨似雁而大，无后趾，虎纹。喜淫而无厌，诸鸟求之即就。"（宋权《丹丘先生论曲》）一般上了年纪的妓女被称为"鸨"，之后"鸨"作为妓院老板娘的代名词被广泛使用。

● 歌姬跃龙门：赵飞燕、卫子夫

汉代的妓女多是为宫廷娱乐服务的舞女，《史记·乐书》载："汉家常以正月上辛祠太一甘泉，以昏时夜祠，到明而终。常有流星经于祠坛上。使僮男僮女七十人俱歌。"

当时的职业歌者、舞者可不如如今的明星，动辄几十万元的出场费。过去，艺妓们虽然浓妆艳抹，歌舞升平很是热闹，但是她们并没有什么身份和地位，司马迁在《报任安书》抱怨自己一个小史官身份低微，顺便把妓女的地位提了一嘴，"仆之先非有剖符丹书之功，文史星历，近乎卜祝之间，固主上所戏弄，倡优所畜，流俗之所轻也"。倡优，是以表演歌舞技艺为业的人。倡，指乐人。《礼记·乐记》载："清庙之瑟，朱弦而越，一倡而三叹，有遗音者矣。"《说文解字》载："倡，'乐也'。优，'饶也''一曰倡也'。"

这些娱乐行业深受达官贵人、富家子弟和科举士子的青睐，有名的舞女公孙大娘的剑舞精妙绝伦，杜甫曾写诗赞叹其舞技高超："霍如羿射九日落，矫如群帝骖龙翔。来如雷霆收震怒，罢如江海凝清光。"就在国之将亡之时，歌姬们仍用歌声供人消遣，杜牧叹道"商女不知亡国恨，隔江犹唱后庭花"；王建描述扬州"夜市千灯照碧云，高楼红袖客纷纷。如今不似时平日，犹自笙歌彻晓闻"；白居易说"觞咏罢来宾阁闭，笙歌散后妓房空"……

赵飞燕，汉成帝刘骜的皇后。赵飞燕的生父冯万金精通音律，他编排的乐曲十分优美动听，轰动一时，人们欲争先一饱耳福为快；"凡靡之乐"，确是有它的独到之处。

赵飞燕，名宜主，与妹妹赵合德是一对双胞胎，姐妹二人都姿色超群。赵飞燕的母亲生于没落的王侯世家，丈夫赵曼官为中尉，赵飞燕姐妹二人是其母与家中的舍人冯万金所生。出生后她们曾被丢弃在野外三天，福大命大的姐妹俩最终被母亲捡回家抚养，等到赵曼撒手人寰后，飞燕姐妹被寄养在同宗赵临家中，后姐妹俩被送到阳阿公主府学习歌舞。

有一天，汉成帝微服出巡，来到阳阿公主府。公主将养在府中的良家子都叫出来表演，以取悦汉成帝。赵飞燕因曼妙的舞姿成功吸引了皇帝的目光，当晚汉成帝就将她带回了皇宫。飞燕深受汉成帝的青睐，得宠封后。唐代诗人徐凝作诗再现了当年赵飞燕在昭阳殿的高光时刻，"水色箫前流玉霜，赵家飞燕侍昭阳。掌中舞罢箫声绝，三十六宫秋夜长"。（《汉宫曲》）

彼时，正值二八年华的飞燕，貌美纤细、舞姿绰绰，昭阳殿里，她集万千宠爱于一身，在美女如云的后宫脱颖而出，在歌舞升平的夜晚大放异彩，也让其他妃嫔黯然神伤。大家都是年纪轻轻背井离乡，现在只能躲在被人们遗忘的角落里度过一个又一个漫长的秋夜。

然而幸福还是太匆匆，汉成帝、汉哀帝相继去世，赵飞燕的命运也急转直下，先是被废为庶人，后又被下诏看守陵园，被迫自杀身亡。

多少年后，人们无从得知她的样貌，只记住了她的名号——飞燕。"燕"，亦称社燕，社燕在春耕开启的二月春社时飞来，又在农耕结束的秋社时离去，故而得名。燕子穿行于空中，裁云做舞衣，衔泥绕梁，飞入寻常百姓家，为人所熟知，舞后以此为名，与燕子一样，来去匆匆，但仍惹得后世文人墨客的垂怜。后人将她与杨贵妃作比照，一个环肥，一个燕瘦，而飞燕的"瘦"及轻盈如飞的造型无疑有刻意保持之嫌，不如想吃就吃、想喝就喝的杨贵妃的貌美来得自然，有诗云："借问汉宫谁得似，可怜飞燕倚新妆。"（李白《清平调·其二》）

汉代皇室后宫喜欢娱乐，女乐歌舞活动遍及诸侯、贵族、公卿、士夫、富民、豪吏之家，汉代富豪阶层蓄伎之风逐步形成。《汉书·礼乐志》载："是时（汉成帝时期），郑声尤甚。黄门名倡丙强、景武之属富显于世，贵戚五侯定陵、富平外戚之家淫侈过度，至与人主争女乐。"反映了汉成帝时期，豢养家伎、女乐已蔚然成风，且出现了权势富贵之家争夺宫廷女乐的局面，《昌言·理乱》云："汉兴以来……豪人之室……妖童美妾，填乎绮室。倡讴妓乐，列乎深堂。"《盐铁论·结合》载："今富者钟鼓五乐，歌儿数曹，中者鸣竽调瑟，郑舞赵讴。"

卫子夫出生于河东平阳，家境寒微，母亲卫媪是平阳侯府的女奴，在当朝汉武帝的姐姐平阳公主的府宅里打工。卫子夫自小就在平阳侯府练习歌舞，到及笄之年，便出落成色艺双全的歌女，尤以发美著称。东汉文学家张衡在其《西京赋》中就曾盛赞："（卫子夫）兴于鬓发之美。"李贺云："卫娘发薄不胜梳。"姜夔在宋词《秋宵吟》中直呼："卫娘何在，宋玉归来，两地暗萦绕。"

公元前139年的上巳节，汉武帝刘彻去霸上祭祖，返回宫时顺路看望姐姐平阳公主。平阳公主便安排府中十几个漂亮的歌女侍奉汉武帝，秀发靓丽的卫子夫一眼被汉武帝相中，带回宫中。

历经几番优胜劣汰的竞技，最后这个出身寒微的丫头一跃成为一代皇后，之后整个卫氏家族扶摇直上：弟弟卫青为建章监，留在卫子夫身边当侍中，不久升任大中大夫；长兄卫长君为侍中；长姐卫君孺与太仆公孙贺定亲；二姐卫少儿（名将霍去病的母亲）嫁给陈掌（西汉开国功臣陈平的曾孙）为妻。

● 营妓

春秋时期，越王勾践开创了"营妓"的先河。他连年发兵攻吴，士兵思家，军心不稳，他便组织了一个"妇女慰问团"，用来鼓舞将士士气。

正式的营妓始于汉代。汉武帝连年用兵，为了稳定军心、提高士气，就正式设立了营妓。营妓主要来源于罪犯的家眷，汉代的大将李陵率领大军出征，随军带了一些罪犯的女眷作为营妓。

"……五千甲兵胆力粗，军中无事但欢娱。暖屋绣帘红地炉，织成壁衣花氍毹。灯前侍婢泻玉壶，金铛乱点野酡酥。紫绫金章左右趋，问著只是苍头奴。美人一双闲且都，朱唇翠眉映明瞳。清歌一曲世所无，今日喜闻凤将雏。可怜绝胜秦罗敷，使君五马谩踟蹰。野草绣窠紫罗襦，红牙缕马对樗蒱。……"唐代著名边塞诗人岑参写了这首《玉门关盖将军歌》，来描写古代营妓的生活。

五千甲兵在黄沙万里的边塞，闲下来时，无所事事，胆壮气粗的兵士们便想找些乐子，喝酒吹牛，打发时光。这可忙坏了婢女们，她们不停地在灯前忙碌，忙着给士兵们倒酒、做饭、唱歌、跳舞，虽然忙得焦头烂额，然而她们仪容万千，一丝不苟，系着印纽的紫色丝带，雍容娴雅。

在孤寂的大漠，没有什么乐器伴奏，她们清唱了一曲《凤将雏》。身着绣有野草的紫罗襦的歌姬们，拿着红牙雕赌具玩樗蒱，陪这些男人玩乐。

但即使歌姬们万般顺从、千般讨好，也逃脱不了悲惨的命运。如果歌姬们照顾不周，就可能被拖出去斩杀。

李陵率领五千步兵对阵匈奴十余万骑兵，人单力薄，向南且战且退。抵达谷中时已是连日苦战，很多士卒中箭受伤，重伤者坐在车上疗伤，中毒受伤者赶着马车，轻伤者坚持奋斗在一线战场，可是，李大将军还是对目前没能速战速决感到万分愤怒！他便把气撒到了女人身上，骂道："你们为何垂头丧气没有精力？难道不是因为贪恋女色吗？"原来，军队最初出发时，关东众多盗贼的妻女随军做了士兵们的妻子，她们大多藏匿于军中。李陵把她们搜出来，并杀掉。第二天，兵士们不敢贪生怕死了，妻子都没了，也没什么值得留恋了，于是一天的时间斩敌3000余人。

在古代，男人一旦获罪，他们的妻女大都会被流放而沦为妓女，一群因丈夫获罪而流放到边疆的女人，随军成了营妓。《隋书·刑法志》上说："自魏晋相承，死罪其重者，妻子皆以补兵。"涉及南朝梁刑法，其中包括："劫身皆斩，妻子补兵。"

这些随军的营妓白天是杂役，负责做饭、洗衣、打扫卫生，晚上则陪酒侍寝，沦为将士们泄欲的工具。被统帅包养的营妓比普通随军的营妓好一些，最起码有半个靠山，而寻常营妓的命运却十分悲惨，时刻面临着被无辜杀害的可能。

● 青楼

青楼，原义为青砖碧瓦的阁楼庭院。青楼与妓院都带有服务性质，但青楼与妓院的规模和排场完全不是一个档次。如果说妓院是路边小店的话，青楼就是高档会馆。

古代妓女中只有娼妓是卖身的，歌妓、舞妓等一般都是卖艺不卖身的，称为"清倌人"。当然也有既卖身又卖艺的妓女，被称为"红倌人"。青楼里多是卖艺不卖身的女子，也有极少数卖身的，但档次也非常高，接待的都是些达官贵人、风流才子。纯粹做皮肉生意的妓院称为"窑子"，档次较低。

青楼的出现源于男性们在现实生活中爱与自由的缺失，当"三纲五常"正式纳入他们的生活体系后，婚姻成了满足繁衍物种的必修课，至于爱情，那是人们可望而不可即的意外。尤其是士族阶层，四点钟跑步上朝，回到家后周公之礼正等着他践行，有欲无情的亲密关系，让士族们想到了灵魂的渡口——花红柳绿的青楼，有那么一票身怀才艺的绝美女子跟他谈情说爱，没有赶尽杀不绝的责任和义务纠缠，有的只是"千金散尽还复来"的洒脱和快意，让他们心情愉悦又有自由。

青楼女子出身不一，有的是走投无路的罪犯，有的是从穷苦人家买来的，有的是因生活所迫自己送上门的。因为历经世事，漂亮且智商、情商都高的美女，自然会脱颖而出，炙手可热。二等的妓女略通琴棋书画、吹拉弹唱，中等相貌就可以。

当然青楼也会对这些半生不熟的女子们进行舞蹈、弹琴、写诗等培训，让她们领悟风雅之道，让她们更加了解男人，经过一番培训包装，才有了史上那些青楼名女！

此外，在青楼中的女子相对幸福些，一个大院子只住一位女子，生活质量都是最高的，客源的层次也比妓院高很多，她们绝对不会站在闹哄哄的街边，甩着手帕招呼铺天盖地的顾客。

来青楼的顾客也是有门槛要求的，想进入青楼消费，就得搞点文化艺术，他们将诗写在旗楼的影壁墙上，由小厮抄下来，拿进去给里面的小姐看。如果确定了作品是原创且充满诗意，就会被邀请进门，进入赛茶、吟诗作赋等环节。此时，小姐会躲在帷帐后观察，不会轻易现身。顺利晋级的顾客，临走前要给老鸨、乌龟、茶壶、保镖等现场服务人员数目不小的赏金。

● 歌妓往事

元和十一年（816年）秋天，被贬江州司马已两年的白居易，在浔阳江头送别客人，偶遇一位年少因歌技红极一时，年老被人抛弃的歌女。同是天涯沦落人，诗人为抒发他乡遇故知之感，用歌行的体裁创作出了著名的《琵琶行》。白居易进而写琵琶女自诉身世：当年技艺曾叫同行服膺，且天生丽质，以至于同行都羡慕嫉妒她的容颜，那些有钱的客人都竞相大手笔给她赏金，"争缠头""一曲红绡不知数"。尽管青春年少辉煌，但最终也要找个归宿，最后她嫁给了一个无情无义的商人，被商人抛弃后她重操旧业，继续靠唱歌养活自己。

这位昔日的歌妓，刚开始轻拢慢捻地轻轻地弹了两首曲子打样：《霓裳羽衣曲》《六幺》。然后她就开始陈述自己的遭遇，她本是京城颇负盛名的歌女，老家在长安城东南的虾蟆陵。13岁就已学会琵琶技艺，在教坊乐团中名列前茅。因为赚了不少银子，也正经地风光过一阵子，她向往奢华的造型，但凡衣着稍有瑕疵就要替换新的，有众多出身富贵人家的粉丝追捧，众星捧月的日子让她非常开心。然而世事动迁，身边的同行们七零八落，有的流入军队，有的死了，暮去朝来，年老色衰的自己在这个行业失去了竞争力，不得已她嫁给一位商人为妻，二人因聚少离多，根本没什么感情。如今自己只能靠卖艺为生，夜阑人静时常常梦到少年时，如果有可能，真的想永远留在那个时候，但现实总是残酷地把她拽回来，让她在睡梦中也哭花了妆容。

一日为妓，大多都是终身为妓。《初刻拍案惊奇》描述了一个故事，名叫苏盼奴的妓女与一书生相恋，两情愈浓，她想嫁给书生以便日后有所依靠，但妓女很难落籍，官府恐怕缺了会承应的人，上司过往嗔怪，许多不便，更是障碍重重。从当时设计的良牒上看，落籍都是官方"爱莫能助"的托辞和摆设："幕《周南》之化，此意良可矜；空冀北之群，所请宜不允。"后来虽然书生中举做了个小官，但奈何没权没势，苏盼奴未能划为良民。

事非偶然，历朝历代，无论是卖身的妓女还是卖艺的歌女，最终都逃不过现实的冲击，当人气不再，立刻就会被打入凡间，辗转流离、身不由己。浮生如寄的不只是妓女，在那个失衡时代里的女子们，无不面临着种种僵局：要么幸运晋级为名门贵族，要么沦为造婴的机器，要么为一粒饭苟延残喘，直到生命的最后一刻。

● 盲妓

大多数走上妓女这条路的都是一些走投无路的女子，为了谋生，献歌献舞倒也无不可，但这并不是你来我往的公平交易。有些意图不轨的客人们有诸多变态的需求，他们或许是因自己的相貌曾遭受人耻笑，内心留下巨大阴影，在才貌惊人、技艺压众的妓女们这里无法找到存在感，为了在弱势群体里刷存在感，他们居然公然索要盲人妓女。

还有一些嫖客为富豪后代，他们本身没有什么文化涵养，徒有大把银子，他们和一些附庸风雅的名仕们来妓院找乐子，遇到有骨气的名妓时，也经常碰壁。明末有一位名叫刘元的名妓，有名仕花钱让她陪睡，刘元竟然留个后背给他。名仕很气恼，拍着她的肩质问她："你不知道我是名仕吗？"刘元淡定回答："名仕是什么？值几个钱？"

名妓、美妓们心里是非常厌恶那些土豪和假名仕的，但她们却不敢拒绝，于是便在言语、诗文、歌词中讥诮他们，这些人感觉自尊心受到了严重伤害，花钱买不来尊重反倒惹了一身懊恼，于是他们醒悟过来，对攀搭名妓不再感冒。

官僚、富商、豪绅在盲妓那里找到了飞扬跋扈的自豪感，鸨母为了迎合变态客人捞到更多钱，残忍地将买来的健康女童弄瞎，变成"盲妹"，她们不只成了老鸨的奴隶，也成了嫖客消遣的玩具，硬生生被剥夺了一辈子的光明。对土豪和假名仕而言，找盲妓有很多好处。例如，她们眼盲不辨美丑，无从褒贬；她们不通文墨，只是赞好，易于操控；碍于视力，她们出入不便，只能是到手的蚂蚱，任人戏耍。因为属于残障弱势群体，她们不敢也不能轻而易举地逃脱，无论在言语还是在身体上都不敢反抗。

这些盲妓本身是健康聪明的女子，早在孩童时期就被老鸨选中，教之以歌舞，训之以应酬，等她们长到十来岁，即施毒手，毁其双目，另装义眼，戴墨色眼镜。盲妓们应客之征，以卖唱为业，不敢也不能挑客户，无可奈何地成了老鸨的摇钱树，她们无法反抗，只能为人鱼肉，在黑乎乎的人间地狱里，忍受着生不如死的煎熬。

● 花费清单

那些不幸沦落风尘的女子，才华不让须眉，诗词曲赋、琴棋书画，样样精通，她们节操凛凛、品性高洁，如唐代的薛涛，宋代的严蕊，元代的李当当、连枝秀，明末的马湘兰、郑如英、顾横波、董小宛、柳如是等。消费妓女是合法交易，明清以后，费用更加明确，1935年6月12日广州《大晚报》载："在广州每台酒局客人付给妓女5元，而妓女要缴纳如下捐费：花捐1.1元、教育费0.2元、贫民教养费0.2元、洁净费0.1元、工艺费0.6元、车费0.65元、手续费0.05元，合计2.9元。这些捐费占妓女收入的大半。"

闲敲棋子落灯花：灯

火，是灯之源，"遂人作火，神农作油，轩辕作灯，汤尧作灯檠，成汤作蜡烛"。（罗颀《物原》）古人秉烛夜读，品读友人词章，直到灯烛燃尽；残灯时分，诗人双目疼痛，灭灯暗坐，遂于黑暗中倾听风打船只的声音，"把君诗卷灯前读，诗尽灯残天未明。眼痛灭灯犹暗坐，逆风吹浪打船声"。（白居易《舟中读元九诗》）

古时夜晚用膏油点灯，灯芯材质大多为灯草、纱、棉线，灯芯燃尽结为花形，称"灯花"。古人认为出现灯花是吉祥的征兆，有"灯火花，钱财发""夜见灯花，贵人到家"之说。南宋赵师秀所写诗词《约客》云："黄梅时节家家雨，青草池塘处处蛙。有约不来过夜半，闲敲棋子落灯花。"夏季梅雨时节，急骤密集，池塘中蛙声阵阵，所约之人迟迟未到。池塘深处传来的阵阵蛙声，提醒诗人时间已经不早了，让诗人感到阵阵不安，使人百无聊赖，只能兀自敲打着棋子，灯花在棋子的震动下掉落，灯油少了，灯芯短了，惆怅却丝毫未减。

为了让灯火更亮，需挑拨灯芯，称为"挑灯"。唐代诗人岑参所写诗词《邯郸客舍歌》云："邯郸女儿夜沽酒，对客挑灯夸数钱。"一个女老板夜晚卖酒，拨亮灯火，清点钱币；也有夜思冲锋陷阵英勇报国的将士，拨亮灯光，刀影绰约下，似乎回到了号角响彻的军队，"醉里挑灯看剑，梦回吹角连营"。（辛弃疾《破阵子·为陈同甫赋壮词以寄之》）

灯芯堆砌凝住，用剪子剪去烧焦的灯芯，即"剪灯"，点的若是蜡烛，则叫"剪烛"。

西汉初年，南越王向汉高祖刘邦敬献了石蜜5斛、蜜烛200枚，汉高祖大喜。"蜜烛"就是现代的蜡烛，不过在那时属于稀缺的物种。寒食节时普天禁火，皇家将蜡烛赏赐给侯爵以上的上品官员，轻烟散入，烛烟袅袅，缓缓随风飘入宠臣的家中。

● 烛火和蜡烛

烛火和蜡烛有些不同，古代所说的"烛"是一种类似火把的照明工具。古人有一套自己的规矩，去别人家做客，如果天黑还不走的话，主人会点起火把，待火烧到木把处，客人识趣的话就应该告辞了，这叫作"烛不见跋"。"烛"指的是火把，"跋"就是火把的木把，"烛跋"指火炬或蜡烛的底座。

战国时期，又出现了"登"。"登"在古代是一种陶制的容器，平时用来盛放肉酱，礼祭先人。秦汉时期，"登"盘中的长钉用于固定可燃物，手柄下端的底座起到了稳定的作用。"登"通常是青铜材质的，写作"镫"。麻绳、苇草、松木条、树皮等也可扎起来作为捻子，被固定在"登"盘中的长钉上，盘中装满动物油脂，当点燃捻子时，油脂燃起即可照明。

作为祭器的"豆"，高30厘米、直径20厘米，外表朴素。礼崩乐坏的战国后期，"豆"的功用也随之发生改变。青铜豆、陶豆个头变小，由外表朴素的盛器演变为装饰华丽的陈设器和明器，后逐渐淡出历史舞台。

"登，陶豆也。""镫，蜡台也。"在豆的基础上，人们发明了灯，其实只是给照明的火种安置了一个金属制造的蜡台，"锭中置烛，谓之镫"。

春秋时期，漂亮别致的灯是古代君王日常所需，也是陪葬品。晋灵公的陵墓高端奢靡，墓内有石雕的猎犬，捧着蜡烛，守候两旁。

战国中期的秦国名将甘茂逃亡时，恰遇苏秦之兄苏代奉齐国之命出使秦国，他便向苏代请求支援："我从秦国仓促出逃，还没来得及携带家眷，妻子和孩子们都还留在秦国。过去，有个穷女人和富女人一起纺织，穷女人说：'我没钱买烛，而你的烛有余光，可否让我借借光，这样我既可以继续干活，也没浪费你油钱。'我现如今处于困境，而你正要出使秦国，希望借您的余光一用。"苏代想着，反正也是动动嘴皮子，不损分毫，不如做个顺水人情，没准儿还能捞张好人卡，何乐而不为呢？遂痛快答应了甘茂的请求。

● **蜡烛始于汉朝**

《西京杂记》中记载，现代人说的蜡烛，直到汉朝时才出现。

西汉初年，南越王向汉高祖刘邦敬献了石蜜5斛、蜜烛200枚等，收到礼物的汉高祖喜形于色，重金奖励使者。蜜烛是我们现代蜡烛的雏形，从汉高祖的态度就可以断定蜡烛那时还未普及，是一种稀罕的物品，连皇帝都觉得它很宝贵。寒食节禁火的时候，皇帝也会将蜡烛赏赐给侯爵以上的官员，"日暮汉宫传蜡烛，轻烟散入五侯家"。（韩翃《寒食》）

南北朝时期，除了王公贵戚，只要家里有钱还是能使用蜡烛的。唐朝时期，蜡烛作为贡品，依旧备受重视，甚至设专人管理。到了宋朝，蜡烛出现在和西夏的边境贸易中，直到明清鼎盛时期，蜡烛才普及起来。

古代没有电力，灯烛拯救了夜猫子人群。早在先秦古籍中，就有关于"烛"的记载，《韩非子·外储说左上》载："夜书，火不明，因谓持烛者曰：'举烛！'""烛"指一种用手拿着照明的火炬。这种火炬，多用剥掉外皮的麻秆制成，比较轻巧。此外，还有一种放置在地上的大型火炬，称为"大烛"。到了汉代，蜡烛才逐渐普及起来。《西京杂记》载："寒食禁火日，赐侯家蜡烛。"蜡烛已经逐渐取代火烛。烛、炬相通，二者在古代实际上是指一种东西。烛芯结成穗形，称为"烛穗"，即今天所说的烛花。结了烛花，烛火便昏暗不明，需用剪刀将烛花剪掉，才能重新点燃。故李商隐在《夜雨寄北》一诗中云："何当共剪西窗烛，却话巴山夜雨时。"在宫室之内，火炬虽然渐渐被蜡烛取代，但在乡村山寨夜间行路，火炬仍作为照明之物。南方山区，将浸泡过水的竹子晒干，制成火炬，称为"烛竹"；而北方则多用老松劈成条子点燃照明，称为"松明"。

● 从豆到灯

中国古代灯具的雏形应为"豆"。豆,形似高足盘,分有盖和无盖两种。最初是普通的盛食器,后用作祭祀的礼器。盛行于商周时期,多陶制,也有青铜制、竹制或木制,后来人们用青铜豆来作礼器。战国时期又产生了"镫"字(通"登",即放在块状金属上的烛),徐铉在《说文解字》中注曰:"锭中置烛,故谓之镫。今俗别作燈。非是。"晋郭璞云:"礼器也。""燈"是一种礼器,而"灯"是普通的照明器具。"豆""登""镫""燈""灯"的字形演变说明了灯的变迁历程:从盛食器,到礼器,再到照明工具。

我国最早的灯具出现在先秦时期,早期的灯具形制比较简单,一般是由灯座和灯盘两部分组成,中间以柱相连,非常像陶制的用来盛食的"豆",所以有着"瓦豆谓之灯"的说法。

在浅平的灯盘旁边还伫立着几只象征长明之意的鸟雀,它们殷殷地陪伴着主人,在每个深夜或黎明,在每个长夜或五更。

● 玄学价值观的投影

汉人重视死后的归处,死者长眠于黑暗的地下,灯具自是必不可少的一类陪葬品。下层民众多用陶制灯具,富裕一些的家庭用铜质灯具,贵族墓葬则流行一种分层设盏的连枝座灯,众多灯盏,交相辉映。

由青铜铸造的1米多高的冥树灯,由灯座、灯柱、灯叶、灯碗组成。覆钵体底座上有瑞兽与锯齿纹,灯柱上饰三层镂空的灯叶,乍看过去,仿若街上的路灯。

仙人骑兽灯为座灯造型,一人骑于兽背,高鼻大耳,右手持一个圆灯管,左手托一个圆灯盘。兽有双翅,头顶生羊角,张口垂舌,下颌长须,四条腿直立,做行走状。兽腹中空,两灯管皆通于腹腔。

汉代灯具的主要燃料是动物油脂,燃烧时烟雾弥漫。用得起这种高级灯具的都是讲究生活品质的人,因此设计者们绞尽脑汁,尽量做到环保。他们设计出导烟管的造型,并在灯体内注入清水,从而吸收烟气。

仙人座下的骑兽中空的腹内可以作为导烟管,例如人的手臂、牛的双角,以及凤、雁、鹅的颈部等也可做此用。这是汉代青铜灯具在功能方面最为先进的发明创造,而西方直到15世纪才由意大利的达·芬奇发明出铁皮导烟灯罩。

● 宫灯

宫灯又称宫廷花灯,主要是以细木为骨架,镶以绢纱和玻璃,并在外绘以各种图案的彩绘,透出浓郁的古典气息,是中国彩灯中富有文化特色的传统手工艺品之一。

宫灯始于汉代,盛于隋唐,以雍容华贵而闻名于世。由于长期为宫廷所用,除具有基本的照明功能外,宫灯精细复杂的雕饰,尽显皇家的富贵奢华。宫灯造型有四角、六角、八角,画屏上一般绘有龙凤呈祥、福寿延年、吉祥如意等喜庆图案。"中华第一灯"长信宫灯是汉代鎏金铜灯，在造型上属于比较独特的人物形灯，宫女跪坐持灯的形象是汉代宫女生活的真实写照。宫女头上梳髻、戴头巾，身穿广袖长衫，动作自然优美，面目端庄清雅。

相传，东汉光武帝刘秀建都洛阳，宫廷里张灯结彩。隋炀帝大业元年（605年）正月十五，洛阳城陈设百戏，遍布宫灯，全城灯火辉煌，半月不息。隋唐以后，每逢元宵节，家家宝灯高挂，处处明灯璀璨，人人提灯漫游，盏盏争奇斗艳。

明清时期，是宫灯发展的鼎盛时期。明成祖朱棣迁都北京后，召集了全国的能工巧匠来制作灯具，以此装饰宫殿。到了清代，内务府造办处专门设立了"灯库"，专司宫灯的制造和修理，每盏宫灯都配有精美装饰，皇宫外也出现了文盛斋、华美斋等灯铺。"东风夜放花千树，更吹落，星如雨。宝马雕车香满路。凤箫声动，玉壶光转，一夜鱼龙舞。"花灯是文人墨客笔下的常客，作为最具代表性的花灯，长信宫灯走过千年历史，如今依然熠熠生辉。

● 现实愈骨感，理想愈丰满

汉代是一个神学兴盛的时代，讲究阴阳变异和天人感应。汉代青铜灯具造型多取自祥禽瑞兽的形象，如牛灯、羊灯、麒麟灯、雁鱼灯等。艺术的世界总是充满对美好未来的寄予与期待，"不问苍生问鬼神"。无论是地位高的还是卑微低贱的人群，在那个无力抗争平复社会治安的年代，长寿者极少，于是人们化干戈为想象，学会忍受，按捺住现世的悲苦，只期待有个华丽的来世。

汉代中上层人士的自杀概率远远大于后世。官场上的尔虞我诈、杀场中的血雨腥风，依照一朝天子一朝臣的江山异代，令万人之上的天子都不知所措，在诗词里我们经常看到"蒿里"的出镜率极高，"蒿里"就是汉人们想象中人们死后的往生之所。

汉代的将士是在凄苦的戍边环境下摸爬滚打活过来的，敦煌汉简中出土的《风雨诗》就描写了困于沙尘暴里的战士们的世界，以及漫天风沙翻天覆地的慨叹，"日不显目兮黑云多，月不可视兮风飞沙。纵恣蒙水成江河，周流灌注兮转扬波"……

不只如此，汉代文人也不是守在书斋里，一心只读圣贤书的书呆子。汉代文人大多有隐逸情怀，从东方朔、扬雄到崔寔、蔡邕等，真道士、假儒生，身在江湖心寄魏阙。

就连皇帝本人都要请一些能人异士仙人前来助力。

汉文帝经常诵读《老子》，但却遇到了瓶颈，有人推荐其可向河上公请教。河上公是汉代一个得道异士，常年住在河边的小茅草屋内，汉文帝随便派了一位使者去询问。河上公不想轻易将看家本领示人，拒绝回答使者捎来的问题，便称："真知诚可贵，不能隔空传！"汉文帝觉得奇怪，他本不打算前来，但好奇心促使他去一探究竟，就亲自驾临茅草屋向他求教。

汉文帝大老远来到这个前不着村后不着店的小河沟边，也是憋了一肚子气，开口就责问河上公："普天之下都是朕的地盘，在这片土地上生活的人，都是朕的臣民。世界上有四样东西最为尊贵，帝王即是其中之一。你虽然有些道法，但依然是我的臣民，请你过来解答问题，你怎么就不能亲自过来呢？反倒是让我屈尊前来，是不是有点儿过分了？"

河上公话也不多说，真本领上场，他拍了下手掌，一下升到离地几丈高，低头看着被惊呆的文帝很有底气地说："我上不触天，下不居地，中不及人，我做谁的臣民呢？"文帝一看，此人果真名不虚传，忙下车跪拜道："我没有什么造化，先祖福泽，继承大业。但才能有限，怕对不起天下万民的期待。我虽然从政，但是心里敬道，深知自己资质平庸，特来此地求教。"

清高的河上公不再故弄玄虚，他送给汉文帝两卷书，对他说："好好读读吧，道理都在书里。我这本经书是我一千七百多年前注解的，目前只传授过三个人，加上你就四个了，不要随意拿出来炫耀。"说完，河上公就消失不见了。过了一会儿，云雾弥漫，昏天暗地。

另一则故事发生在汉武帝身上。汉武帝上嵩山，命人用石头建起几座修道的宫殿，让董仲舒、东方朔等人同他一起静修。

夜里，汉武帝忽然看到一个身高二丈，耳朵高于头顶、下垂到两肩的仙人说："我是九嶷山的神，听说中岳嵩山石头上长的菖蒲，一寸生有九节，服了可以长生不老，所以来采集。"话音刚落，仙人就不见了。

汉武帝料定这位神仙醉翁之意不在酒，不是来采药，是来专门点化他的。于是武帝吃了两年的菖蒲，之后觉得吃完身体不舒服，就停了。当时很多官员也服用，但都没能坚持下来，只有一个叫王兴的不识字的普通百姓听说有仙人教武帝服食菖蒲，就坚持服用，最终得道长生。

● 多枝灯

在生活中，为了美观和实用，人们发现将油灯放得高一些，能扩大光照的范围。于是出现了华美的多枝灯，又称连枝灯、树形灯。这是一种立灯，相当于今天的落地灯，最早出现于战国。两汉时期很多人希望长生不老，遂迷恋神仙方术，象征灵魂不灭、光明永存的连枝灯自然而然地成了陪葬品的首选，一盏青铜多枝灯最多可达九十六枝。

楚人的巫觋祭仪中，巫师通过神树来进行降神、陟神的程序，树上的众多鸟类和动物就是巫师用以通神的重要助手。方形树座，象征着大地，符合中国古代"天圆地方"的宇宙观。

传说在东方的大海上，扶桑树是由两棵相互扶持的大桑树组成，太阳女神羲和大神从此处驾车升起。扶桑树也是连通神界、人间、冥界的大门，后羿经常站在上面射日，不小心将其踩断，人、神、冥三界才难以联络的。因此，"通天入地"的神树，象征宇宙太阳。《淮南子·天文训》云："日出于旸谷，浴于咸池。拂于扶桑，是谓晨明。登于扶桑，爰始将行，是谓朏明。至于曲阿，是谓旦明。"太阳每天十六个运行时间段皆以扶桑树为轴心，传说扶桑树上同时挂着按时辰执勤的十个太阳。"九日居下枝，一日居上枝"，九个太阳位于枝丫下面，一个太阳位于众枝之上。

扶桑树被人们赋予了神圣的力量，祭祀祈福以求五谷丰登、蚕桑泽绩。汤以自己的身躯作为祭祀供品为民祈雨，《吕氏春秋·顺民》载："昔者商克夏而正天下，天大旱五年不收，汤乃以身祷于桑林。"

"昔者汤克夏而正天下。天大旱，五年不收，汤乃以身祷于桑林，曰：'余一人有罪，无及万夫，万夫有罪，在余一人。无以一人之不敏，使上帝鬼神伤民之命。'"（《吕氏春秋·季秋纪·顺民篇》）

扶桑树也成为古人约会之所，《诗经·鄘风·桑中》载："……云谁之思？美孟姜矣。期我乎桑中，要我乎上宫，送我乎淇之上矣。"我的心中在思念谁？美丽的女子她姓姜。跟我约好桑中见，邀我相会在上宫，送我远到淇水上。"桑中""上宫"就是男女宴乐聚会的桑林之所。

高祖初入咸阳宫，被宫中的奇珍异宝震惊了，他看到一盏2米多高的青玉五枝灯，精雕的蟠螭口中衔着灯，灯燃后蟠螭的鳞甲颤动起来，如黑暗中的满室星辰，异彩纷呈。

多灯柱作为这棵"树"的主干，灯枝则为"树"的侧枝，灯枝有一层至数层不等，形式自然，或对称，或交叉，形态不一。多枝灯多为"奇数"，如陶九枝灯、铁十二枝灯、铜十五枝灯等。

灯枝是能工巧匠的大手笔，他们通常雕塑猴子、鸟等生动灵性的动物造型，使得灯枝充溢勃勃生机。灯柱上绘有龙的形象，彰显了神秘气质。多灯之所以为树的造型，是源于古人的神秘信仰，他们相信太阳是挂在神树之上的。传说中的灯枝材质有建木、扶桑、若木、寻木四种，"汤谷上有扶桑，十日所浴，在黑齿北。居水中，有大木，九日居下枝，一日居上枝"。（《山海经》）

多枝灯是贵族阶层在观赏乐舞、宴饮等隆重场合中才会用到的灯具，汉武帝在宫中祈拜王母时，就曾点燃"九光之灯"。（班固《汉武帝内传》）

● 四处流浪的长信宫灯

长信宫灯的设计极为精巧，宫女左手持灯盘，灯盘中心有一个烛钎，灯盘上附有短柄可以来回转动，两片弧形屏板可以推动开合，不仅能挡风，还能调节烛火的亮度和照射方向，类似今天台灯的功用，鎏金青铜宫灯铭文中有"长信"字样，故得名"长信宫灯"。在黑暗阴冷的墓穴里，长信宫灯陪侍王后窦绾度过了两千余年漫长的岁月，如今又静置于博物馆之中，默默闪烁着汉帝国的文明之光。

长信宫灯外部通体鎏金，这种工艺早在战国时期便已出现，汉代人称之为"金涂"或"黄涂"，即用金和水银合成金汞剂涂在青铜器的表层，加热后水银蒸发，金便会牢固地附着在青铜器表面。

汉代以前的青铜器主要为厚重的祭祀礼器，汉代以后的青铜器逐渐进入日常生活，长信宫灯作为宫廷日常用具，一改以往青铜器的厚重感，变得轻巧方便，实用性强，又独具匠心，将汉代女性日常服饰和瞬间仪态的造型逼真呈现，堪称罕见的汉代青铜艺术珍品。

以动物油脂作为照明燃料的汉代灯具，通常烟尘较大，一些没有完全燃烧的炭粒和燃烧后的灰烬往往会使室内空气污浊，烟雾弥漫。而长信宫灯烟尘少的奥妙就在宫女的袖子里，宫女身体中空，右臂上举，下垂的衣袖罩于铜灯顶部，作为铜灯的灯罩。燃烧后的烟尘便能通过宫女右臂的衣袖进入宫女体内，而在宫女腿部设有水盘，烟尘通过底层水盘的过滤会去除粉尘和异味，再排出较为干净的烟雾。

窦绾无疑是宫灯的最后一位主人，但却并非唯一的拥有者。长信宫灯的灯座、灯盘、灯罩屏板以及宫女右臂和衣角等处刻有铭文9处共65字，灯体上共有9处铭文，如"阳信家""长信尚浴""今内者卧"等，而且篆刻的方式和笔迹也不尽相同，每换一位主人，都会在上面重新刻字以示归属。灯器多易其主，身世坎坷，最初的主人是阳信夷侯刘揭，后来刘揭的儿子因参与"七国之乱"被废黜，此灯遂被收归长信宫窦太后处，窦太后又转赠给窦绾，因此窦绾成了此灯的最后一位主人。

● 雁的意象

"制器尚象"（《周易》），汉代灯制的各种造型，寄予了人们对生活的各种幻想。

《仪礼·士昏礼》载："昏礼，下达。纳采，用雁。"意为纳采时，必须带雁作为礼物，是因为雁是候鸟，每年秋分时节南去，春分时节北归，从不失约。喻意男女双方互守信约，夫妻坚贞不渝。此外，雁是"随阳（雌性顺从雄性）之鸟"，代表了妻子顺从丈夫的意思。郑玄认为大夫们以雁作为见面礼，是因为雁善于等候时机伺机行动，飞翔时自动排序整齐。

雁是一种追随太阳、喜欢温暖的候鸟，春分后飞往北方，秋分后飞回南方，古人常用大雁传递信件，它又有"雁使"之称。匠人造灯时也常以雁足为造型，"天子射上林中，得雁，足有系帛书"。(《汉书·苏武传》)"雁足捎书"出自汉书,匈奴单于扣下汉使苏武十九年之久,并称苏武已死。大汉使者辩解说,天子在上林苑打猎时射下一只鸿雁,雁足上拴着苏武写的帛书,帛书上说苏武在北海牧羊。单于无奈,只好释放苏武,苏武才得以归汉。"雁使"指传书之使,"雁音"谓音讯等,后人用"鸿雁""雁足"指代书信。

漂泊在外的旅人,常以雁自况,"南北路何长,中间万弋张。不知烟雾里,几只到衡阳"。(陆龟蒙《雁》)诗人寄情于南迁的北雁,一群群大雁从眼前飞过,古代交通落后,这段看似轻盈的南来北往的征程,仿若旅人们一场漫长的迁徙之路,人们在旅途中经受的种种磨难和危机,对于雁群而言也的确存在,雁为了避寒,为了生存,不得不南来北往,人何尝不是如此呢?

文人为自己未卜的未来揪心,为明日复明日无止境的前行忧虑,见雁过便联想到雁亡,长途跋涉南飞的行路中,不知有多少猎人虎视眈眈地张网拉弓,等待它们的是九死一生的命运。

旅人也将雁作为信使,雁是候鸟,秋天南来,春天北往。"清瑟怨遥夜,绕弦风雨哀。孤灯闻楚角,残月下章台。芳草已云暮,故人殊未来。乡书不可寄,秋雁又南回。"(韦庄《章台夜思》)秋天到了,大雁南回了,因此我写的家书,已无法寄回去了。

● 贵族的嫁妆:雁足灯

雁足灯是古代贵族女子出嫁必备的嫁妆,出双入对,取大雁忠贞之意，寓意夫妻恩爱坚贞。中国最早的一座雁足灯制造于春秋战国时期，是有钱人家的必备用品，到了西汉晚期和东汉初期，雁足灯一跃成为当时最流行的灯具。雁足灯的诞生不是一蹴而就的，它历经了人文的洗礼。文景之治、汉武盛世，营造了手工制造业的良好氛围，铁器、漆器、陶瓷、青铜器的制作日益精湛，雁足灯的工艺也愈发精巧，匠人在创造时已考虑到消费者的实际需求，不仅关注其坚固性，更强调其实用性。

雁的形体修长，常常高空引吭，作为季节性迁徙的鸟类，冬南夏北，古人常将之视为象征吉祥的瑞兽，且雁足独特的造型中也包含别样的寓意。《仪礼·士昏礼》载："纳吉用雁，如纳采礼。"雁一方面代表着忠诚、无变故，另一方面有着知辈分、不僭越的意思。《说文解字》载："雁，雁鸟也……为鸿雁也。"《汉书·苏武传》载："天子射上林中得雁，足有系帛书。"此时人们已经有利用雁来传书的意识，而雁足也可以被当作书信的象征，书信对于传输不便的古人来说更代表着对亲人、对故乡的思念。

汉朝统治者推行儒家的思想成为民间的主流思想，其中强调"天、地、人"统一的观念，这一观念体现在汉代的灯具设计上，与现代设计所提倡的"以人为本"的设计理念相重合。

雁足灯在汉代为宫廷用物，灯上常会刻有"桂宫""中宫""中宫内者""山阳邸""中尚方造"等铭文字样，或直接注明是"为内者造"，汉代方座雁足铜灯的灯盘为圆环形，在灯盘的圆环带中有三个圆形尖凸，用作烛钎，环状凹槽状的灯盘可将油脂收集起来，更容易点燃。

● 彩绘雁鱼釭灯

雁冠绘红彩，雁、鱼通身施翠绿彩。在雁、鱼及灯罩屏板上用墨线勾出翎羽、鳞片和夔龙纹，纹样丰富，大张的雁嘴、肥硕的鱼身更像是根据艺术的想象做大胆的添加。《说文解字》曰："雁，知时鸟，大夫以为挚，昏礼用之，故从人。"取其忠贞不渝之意。鱼和余同音，鱼又表示富裕。

釭指中空的管状物，《释名释车》曰："釭，空也，其中空也。"晋代夏侯湛所作《釭灯赋》对釭灯有着详细的描述："乃珠珍宝器，奇像妙工，取光藏烟，致巧金铜，融冶甄流，陶形定容。尔乃隐以金翳，疏以华笼，融素膏于回槃，发朱辉于绮窗；宣耀兰堂，腾明广宇，焰煜爗于茵筵，焕焰炢乎屏组。"

彩绘雁鱼釭灯由衔鱼雁首、雁体、灯盘、灯罩四部分组成，四个部分又可自由拆装，便于清洗。取下灯盘、灯罩可向雁的身体里灌水，烟道为一弧形圆管，烟尘可溶于水中。经过过滤，燃灯时有烟而无尘。

鱼传尺素，雁寄鸿书。鱼、鲤鱼、双鲤鱼同样是书信的象征。将写好的信函放在鱼腹中，汉代还没有纸张，所谓的书信不过是将文字刻在鲤鱼形状的木片上。如果说鱼还沾染了世间一抹烟火气，那飞雁则寄予仰首顾盼的殷切问候。鱼与雁以绵绵意韵伴书生夜读、传闺妇之思、表戍卒之愿、托游子之愁。

● 青铜器制造大国：楚国

汉文化起源于楚汉时期，汉文化保留了荆楚文化的特色，浪漫、灵动，充满幻想。

楚国自商末鬻（yù）熊建国、周初熊绎始封，到战国末年灭于秦，享国八百年，开疆五千里。他们筚路蓝缕，为了扬眉吐气，在荒僻的山里朝暮耕耘，终于创造了自己的文明财富。楚国不仅在疯狂争霸的战国时期拥有了响当当的知名度，对整个大汉及以后的社会也产生很大的启示。而惟妙惟肖的灯盏器具，与楚国的制造工艺也密不可分。

（一）楚蛮

荆即是楚，楚即是荆，商代有"楚"字无"荆"字，故只有楚蛮、荆蛮之说。周代"楚""荆"用作一处，"王南征，伐楚荆，有得。用作父戊宝尊彝"。（《驭簋》）

楚蛮包括芈姓楚族人，楚君熊渠、熊通都自称"蛮夷"，从地域上而言，楚蛮地区主要位于今天湖北省西部。滞留在云梦泽东和云梦泽北的楚蛮与北来的周人趋同，先后受殷文化和周文化的熏陶。他们所用的陶器跟周代所用的近似，鬲、甗、罐、盆、钵、豆为常见器物。

（二）楚人

芈姓楚人，出自中原华夏部族，自称"帝高阳之苗裔兮"。（《离骚》）"高阳者，黄帝之孙，昌意之子也"（《史记·楚世家》），高阳即颛顼（zhuān xū），《山海经·大荒西经》称"颛顼生老童，老童生祝融",颛顼的儿子重黎,曾担任黄帝司徒,因功得"祝融"之号。《左传》记载:"颛顼氏有子曰犁(即黎),为祝融。"《史记·楚世家》记载:"卷章(老童)生重黎。重黎为帝喾高辛居火正,甚有功,能光融天下,帝喾命曰祝融。"

楚国的先祖叫高阳,是黄帝的孙子,也是上古五帝中的颛顼。高阳有个孙子叫重黎,在帝喾(kù,也是五帝之一)时期担任了"火正",也就是主管火烛事务的官员,"火利事业"做得很出色,被帝喾封为祝融氏。祝融氏有个后代叫鬻熊,在湖北荆门开疆僻土,周成王年代,鬻熊的后人熊绎"桃弧棘矢以共王事",他拿着桃木弓和棘枝箭侍奉周天子,替天子驱邪除灾,被封为子爵,立"楚"为国,定都丹阳,是楚国的第一任君主。

楚国人的列祖列宗始终没有同汉民族脱轨,他们的大本营鄂地就是铜矿原料基地,为楚国铸造业提供了丰富的原材料。春秋中晚期以后,楚国位列诸国之首。

楚国铜质乐器主要有编钟、编磬、鼓;铜质兵器主要有剑、戈、矛、戟、殳、杖、匕首、铍、弩、镞等;铜质工具有斧、凿、锄、奁、镰、铲、刀、削刀、夹刻刀、锯、锉、锥、针;铜质生活器具主要有樽、镂孔杯、炉、箕、漏、铲、灯、熏、镇、量、镜、带钩、印章、装饰品、符节等。楚国人通用的铜货币,又称"蚁鼻钱",造型为鬼脸状,由商周海贝改造而成,又称"铜贝"。

楚人久居蛮荒之地,带有浓厚的乡土气息,他们依赖鬼神的护佑,信巫鬼、重淫祀,总是幻想着通过人力祈祷实现诸多愿望,再加上繁重的劳动和落后的医疗技术,导致人们的寿命很短,于是他们经常幻想死后的斑斓世界,在其民歌中也透露出一股冥冥的死亡之音。

● 运斤成风

楚文化有六大支柱：青铜冶铸、丝织刺绣、木竹漆器、美术音乐、老庄哲学、屈骚文学。先进的青铜冶铸和铁器都出自楚国，最富有创造力的丝绸刺绣出自楚国；先秦金币、银币无一不是楚币。

楚国精于想象力不仅体现在巫术氛围上，也体现在老庄哲学、《楚辞》《离骚》等脍炙人口的文学作品中。楚国的音乐、舞蹈、绘画、雕塑更是超凡脱俗。楚乐"八音"是指金、木、土、石、丝、竹、革、匏。楚国的编钟乐舞水平之高，举世公认。

"成风郢匠斫，流水伯牙弦。"骆宾王笔下的"郢匠"指的就是一位技术精湛的楚国巧匠。庄子与惠施是好朋友，时常聚在一起谈论学问。惠施去世后，庄子十分悲伤，途经他的墓地时，庄子触景生情，给弟子们讲了一个故事：从前，有个楚国人不小心把一层薄薄的白灰弄在自己的鼻尖上，他让旁边一个匠人用小斧头削掉这层白灰。一般人会觉得这简直是难为人，可匠人不是一般人，他举起小斧头像疾风一样劈过去，那人鼻尖上的白灰瞬间消失不见了，但鼻子安然无恙。这个楚国人也很厉害，站在那里一动不动，毫无惧色。

天下没有不透风的墙，匠人精妙的技艺传到了宋元君的耳朵里，宋元君倒是对这个匠人饶有兴趣，他召见匠人说："你削白灰的本事我听说了，赶快展示你高超的技术吧！我拭目以待！"

不料，匠人却推辞说："我的确能砍削掉鼻尖上的白灰，但前提是有个好的搭档。现在不行了，我的那位搭档去世很久了。"弟子们听到这个故事都觉得很惋惜，庄子酸楚地道："自从惠施离开了人世，我也没什么玩伴了，不知道还能跟谁辩论。"

后世文人以"匠郢""郢匠""斫鼻""郢斤""垩鼻运斤""斫泥""郢斧""郢斫"等代指技艺娴熟的高超匠人。后世又有很多墨客怀念匠人，"舟壑不可攀，忘怀寄匠郢"（南北朝·江淹《谢仆射混游览》）；"赏音我非旷，斫鼻君真郢"（宋·苏辙《答王定国问疾》）；"平生师友凋零尽，鼻垩运斤未有人"（宋·陆游《叹老》）。

● 楚人的创新

周代实行列鼎制度，天子用九鼎，诸侯七鼎，大夫五鼎，士三鼎。楚国高级贵族中又以平底束腰的升鼎为尊，升鼎（也称正鼎）用于盛放祭肉，配以羞鼎（又称陪鼎）和煮牲肉的镬鼎。

祭祀宴飨中的礼器问鼎，源自楚庄王问鼎中原的典故，具有夺取政权、称雄天下的含义。礼乐制度以青铜器为载体，鼎、簋、钟、磬无不蕴含着国家的永乐文明。

祭祀宴飨中的主要器类就是食器、酒器、乐器。食器成了礼器的主体，青铜制造的食器有：烹煮的鼎、鬲、甗（yǎn）、炉等；盛放食物的器皿有：鼎、簋、簠（fǔ）、敦（duì）、豆等，以及附属的匕、钩、俎等。

● 元宵节

农历正月十五是元宵节,正月是农历的元月,古人称夜为"宵",所以称正月十五为元宵。正月十五是一年中第一个月圆之夜,也是一元复始,人们在这一天庆祝,也是庆贺新春延续的意思。

汉明帝敬奉佛教,曾经风光无二的道观光彩不再,人们转而信佛不信道,民众对于皇帝这种嗜好深感不满,于是来了次起义,为自己的信仰正名。永平十四年(71年),道士褚善信等690人上表抗议皇帝崇信外来的佛教,愿以焚经方式比验真伪优劣。正月十五设焚经台比试,道教经书多数被焚,而佛经、佛陀舍利"光明五色直上空中,旋环如盖,遍覆大众,映蔽日轮天雨宝华,大众咸悦"。在焚烧各自经书的过程中,佛教胜出。这充分证明了大汉皇帝的眼光还是不错的,汉明帝兴奋之余,命皇宫寺庙以及士族庶民在每年正月十五这一天"燃灯表佛"。这一天各家各户张灯结彩,观灯的游人如织,万人空巷。

按佛教的说法,在新的一年里燃灯供佛,有照耀前途之意。对于百姓而言,大抵都对未来充满寄托和希望,于是大家到寺院祈愿、祈福成为一种时尚,祈求菩萨加持新的一年平安顺利。所谓一人施灯供佛,一人受惠;一家施灯供佛,一家受惠;人人施灯供佛,人人获福;家家施灯供佛,家家获福。只要有灯的地方,诸佛菩萨的慈光自然遍照。

对于学子,灯笼具有特殊意义:每年正月私塾开学时,家长会为子女准备一盏灯笼，由老师点亮，祈愿前途一片光明，称为"开灯"。对于求子的已婚夫妇，"提灯"的字音与"添丁"相近，元宵节提灯笼，用来祈求生子。

有一种灯叫作"字姓灯"，灯的一面是姓氏，另一面是祖先曾经担任过的官名。唐朝开元年间，唐明皇认为扎结的花灯象征着"彩龙兆祥，民富国强"，花灯风气至此广为流行。

明朝朱元璋建都南京时，也在秦淮河上燃放万盏水灯。永乐朝在午门大立鳌山灯柱，又在华门外设"灯市"。

● 供灯的功德

"灯"在佛教中象征光明和智慧，燃灯供佛具有破暗、除惑的意义，"燃指供佛"是世人的大布施。"睿宗先天元年，西门婆罗请燃灯供佛，帝御延喜门临观，灯轮高二十丈，点金银灯五百盏，望之如花树。"（《佛祖统纪》卷十四）"灯轮"为"七层之灯，一层七灯，灯如车轮"。（《法苑珠林》卷三五引《灌顶经》）

点灯供佛的人，可以获得大智慧。在寺院点灯供佛，还有一种共修的意义，点灯的场所是在庄严道场，令众生生起敬仰之心；点灯不仅象征光明与智慧，还能破除种种黑暗烦恼。点一盏明灯，长跪佛前，发菩提心，祈愿如佛成就，是何等的庄严！

《分别善恶报应经》中同样记载了供灯之十种功德：一、肉眼清净；二、获净天眼；三、远离三毒；四、得诸善法；五、获得聪明智慧；六、远离愚痴；七、不堕地狱、饿鬼、畜生；八、尊贵自在；九、往生诸天；十、速证佛果。

人们点光明灯,除了祈福之外,主要是希望能够借燃点佛灯,照亮心灯;发菩提心、立菩提愿,启发自性,为自己积聚觉悟成佛的资粮,这才是真正的消灾解厄、转运得福。《圣弥勒经》上记载,供千盏灯或千朵优婆罗华、造塔顶或佛像的人,到弥勒佛示现成道时,当生为其眷属,并闻佛初转法轮。即使仅供一盏灯、一朵花或随喜他人供养的功德,将来都能亲见弥勒如来,乃至成就佛果。

● 贫女供灯

《贤愚经·贫女难陀品》讲了个小故事,说明了作为佛教一种供养方式的灯供,对人们强大的感召力。

有个女乞丐叫难陀,她常看到王公贵戚供养佛陀,对此很是羡慕,她在内心暗暗发愿:"我前世没有行善积德,所以这辈子过得不好,原来供灯可以累积福报,我一定要在这块福田上种下善根。"她用磕头跪足好不容易乞讨来的一枚钱去买灯油,卖油人说钱不够,可是他出于同情,还是给了难陀价值两枚钱的灯油,刚好够做一盏灯。

难陀千恩万谢,小心翼翼地捧着这盏来之不易的油灯,将其与其他王公贵戚供养的大灯一同置于宝殿前,难陀默默发誓:"我没什么钱,目前只能用此小灯供养佛陀。愿以此功德,让我来世得到智慧明灯,灭除众生的愚昧黑暗。"发愿完毕,她伏地顶礼后便离开了。

次日天亮时,佛陀十大弟子之一的目犍连去收拾灯具,宝殿前的所有大灯都已燃尽，唯有难陀供养的这盏小灯依然明亮，灯油、灯芯丝毫未损。目犍连想把小灯灭掉，晚上再来供，但无论怎么操作，小灯照样燃烧。目犍连以神通第一著称，他只要动动小指，大千世界都要为之撼动，可是拥有如此大的神力，他居然连一盏小小的油灯都无法熄灭。

这时，佛陀现身了，他告诉目犍连："这是一个发了大菩提心之人的灯，就算海水灌、大风吹，这盏灯也是熄不灭的。"

所以，佛教中的灯被赋予了更多意味，有凡人对未来的夙愿，也伴有人们虔心的修行。

柴门闻犬吠：狗

我们的祖先很早就开始养狗了，养狗的人称为"犬人"。(《周礼》)在汉代宫廷设有专为皇帝管理"狗事"的机构，管狗的官职叫"狗监"，南北朝时期还特别给狗加以封爵，有"狗夫人""郡君"等称号。汉武帝甚至命人建造了"犬台宫"。《三辅黄图》载"犬台宫，在上林苑中，去长安西二十八里"，"犬台宫"外又建了"走狗观"。

狗有不同品类：高四尺的狗为"獒"；体大者为"猗"；善捕猎、看田者曰"良犬"，又名为"乌龙""韩卢""殷虞""茹黄""郁林""地羊""白龙沙"。狗有警卫、猎物、食用三种功能，"一曰守犬，守御田宅舍也；二曰田犬，田猎所用也；三曰食犬，充庖厨庶羞也"。(《礼记·少仪》)

我国古代是农耕社会，犬能帮人们干活，看家护院、守卫农田与牧群、捕捉老鼠、驱逐其他食肉动物。守卫是犬类在农耕社会的基本职能，守卫犬常见于乡村，"遍入原上村，村空犬仍猛"。(元稹《梦井》)

猎犬在古代又称"田犬",即"狩猎"。"山夜猎徒多信犬,雨天村舍未催蚕。"(方干《与乡人鉴休上人别》)山中猎犬服务于军队,从战国时期起,犬用于军事,担任警戒任务,"穴垒中各一狗,狗吠即有人也"。李斯创造的象形文字"狱"字中有两个"犬",可见犬曾被用于看管犯人、守卫财产、参与狩猎、放牧牛羊、传递书信。同时,犬也是人类忠诚的陪伴者,为人类尽忠、尽诚,"恐敌人夜中乘城而上。夜中城外每三十步县大灯于城半腹,置警犬于城上"。(杜佑《通典》)

人们也常借骂狗之机,恶评那些鱼肉百姓的官员,诸如"走狗""狗官""鹰犬""狗腿子""狗奴才""丧家之犬"等。犬成为官宦贵族的宠物,一条上等犬,价值不菲,"何定使诸将各上好犬,皆千里远求。一犬至值数十匹;御犬率具缨,值钱一万"。(《三国志·孙皓传》)

● 文绉绉的狗

犬,是一个典型的象形字,是六种最常见的家畜之一,六畜分别为:马、牛、羊、鸡、犬、豕。

在殷墟甲骨卜辞中,"犬"曾用作官名、方国名、人名。《周礼·天官》载有"犬人",历史上很早就有了专门负责养狗、驯狗的官吏,侍中向王呈报了一篇名为《麋》的记述狗丢失的文书。"狗官"是专门畜养公犬、王犬的官吏,王的犬丢失,"犬人"是要被严重问责的。

两千多年前的孔子在见到"犬"字后,不无夸赞地说:"视犬之字如画狗也。"甲骨文的"犬"字是按照狗的模样描摹而成，狗的职责主要是看家护院，《说文解字》载："孔子曰：'狗，叩也，叩气吠以守。'"《玉篇》中也有"狗，家畜，以吠守"的解说。狗在中国最早称为"犬"，"犬"字的甲骨文、金文是一条竖立着的狗的形象，由此衍生出了诸多相关的字。《唐汉解字》一书中有介绍，诸如反犬旁的狼、狐、猫、猪、猴等兽类，又有伏、莽、臭、哭、器等。

"口""犬"表示狗的吠叫声。"器"四周都是口（狗叫声），表明狗在努力守候，以示职责使命的重要，如《论语·八佾》载："管仲之器小哉。"

"狱"的本义为双犬撕咬狂叫，"狱"字的左边、右边都是犬叫，中间"讠"字旁，蕴意现实生活中人与人之间的拌嘴、争骂，由狗的撕咬引申出人与人之间的吵骂，颇似二犬相斗。《诗·召南·行露》载："谁谓女无家，何以速我狱？""速"指招致，"速我狱"指让我吃官司，以"二犬"喻指诉讼之人，表示古人对诉讼争斗者的憎恶。吃官司必有人败诉坐牢，人们把监牢称为"狱"。《释名·释宫室》云："狱，又谓之牢，言所在坚牢也，又谓之图圄。"监狱要用"犬"来看守，旧时犬是各家各户的"门卫"。

《诗·小雅·巧言》中有"跃跃毚兔，遇犬获之"的描述，春秋时期，人们爱好田猎，《诗经》中有一首美言狗类的诗词："卢令令，其人美且仁。卢重环，其人美且鬈。卢重鋂，其人美且偲。"（《卢令》）诗中的"卢"就是指黑色猎狗，"令令"指狗颈下套环的声响，"其人"是指带着猎狗打猎的猎人。春秋时期，人们爱好田猎，反映在诗里，有《驷驖》《叔于田》《大叔于田》

《还》《卢令》等，其中《卢令》篇幅最短，是类似于顺口溜一类的民歌。

"犹"是"猶"的简体字。甲骨文的构形源自狗醉酒后的滑稽姿态，无论甲骨文、金文或小篆，"犬"旁总有一个酒（酉）坛。上古时代的酒，类同今日的米酒、醪糟、酒糟，甜而微酸。狩猎大获后，狂饮之余，狗也会荣膺会餐之列，人们随手赏赐给狗一两杯酒，于是不堪酒力的犬类便呈现出醉酒之态，狗醉重心不稳，东晃西歪，"犹"的本义为摇晃，引申为犹豫不决。醉狗喝得太多，"犹"在作为副词时，有"已""太"的意思。当人们以"酒"盖脸，假装喝醉时，乃是一种预谋的行为，"犹"字左右结构对换后为"猷"，意为欺诈谋略、计划。

"献"本指用最贵重的青铜锅（鼎）烹煮狗肉，向祖宗神灵奉献祭牲。"献"与"鲜"语音同源，源自狗肉的喷鼻香味。献祭的狗只限于身有红毛者，黑狗或白狗都可免于口腹之灾。古代盛行用狗祭祀和丧葬的风俗，《礼记·曲礼下》云："凡祭宗庙之礼，犬曰'羹献'。"《说文解字》云："献，宗庙犬名羹献，犬肥者以献。"段玉裁案："羹之言良也；献本祭祀奉犬牲之称。"西周早期的中型墓葬中，就有将整腿牲肉或整个牛头、狗头献给死去的亲友，春秋时期还有在四方城门杀狗御灾的风俗习惯。汉代乃至以后民间喜杀白犬祭祖，《风俗通》卷八曰："杀狗磔邑四门，以御蛊灾。今人杀白犬，以血题门户，曰正月白犬血，辟除不详。"《四民月令》载：当时的宗族十一月便要"买白犬养之，以供祖称"，正月则"收白犬骨及肝血"。《史记·秦本纪》载："秦德公二年初伏，以狗御蛊，磔狗邑四门也。"秦德公时期，在四个城门口杀狗，用狗血来抵御瘟疫。

"狄"的本义为像火一样奔跑阻拦对方。周代以后，"狄"指北方的氏族。由"狄"字的构形推测，这是一个饲养红色狗的民族，因狗的毛色而得名。秦汉以后，"狄"成为中原汉人对北方各民族的泛称，"狄"与"敌"成了语音同源字，古人称狄族为"犬狄"，壮族为"獞"。

"伏"是一人一犬，人像狗一样卧倒趴下的形象，又表示长夏潮闷的天气，人最好趴着别动，否则必然一身汗。在战场上，人做出匍匐的动作，有隐藏和埋伏的意思。当然，要说战争，就避免不了伤害，于是"哭"字应运而生，表示两只狗相斗，斗败了受伤的那只会发出哀伤的"呜呜"声，与人哭泣的声音相似。在战争中取胜的一方心情自然愉悦，遂成就了"笑"这个字，"竹"字头意味以竹棒打狗，但打得不疼，狗以为人在跟它玩耍，会咧嘴露牙作欢快状。

● 狗屠夫：樊哙

樊哙与刘邦是同乡，从事狗肉生意，后跟随刘邦南征北战，攻杀沛令，立刘邦为沛公，举旗响应起义，招兵买马，南征北战。

樊哙虽是以屠狗为业的屠夫，没读过几年书，大字不识几个，但是有眼界。高祖元年（公元前206年）十月，刘邦进军咸阳见珍宝无数、美女如云，凡所应有，无所不有，刘邦有点儿走不动道了，就算一辈子待在咸阳也无所遗憾。这时樊哙提醒他道："你是要得天下，还是要当'富家翁'？若要得天下，就立即离开此地，还军霸上。你现在所看到的珍奇美人都是'秦所以亡天下'的罪魁祸首。"然而，樊哙说的话并没有多大含金量，多亏张良等人引经据典，回顾历史的前车之鉴，刘邦这才如梦初醒，封存秦宫宝物，将战争进行到底！

樊哙极具哥们儿义气，当年刘邦以10万军对阵项羽40万大军时，项羽来了一场鸿门宴，项羽的谋士范增向他建议，在鸿门宴上杀掉刘邦，以绝后患。宴席上上演了一段项庄舞剑、意在沛公的插曲。项羽的叔父项伯胳膊肘往外拐，拔剑起舞掩护刘邦。双方剑拔弩张、蓄势待发，张良召来樊哙助阵，樊哙知刘邦遇急，二话不说，带剑拥盾冲入席间，古书上说"头发上指，目眦尽裂"，一副我要与你打到死的节奏，不怕傻、不怕横，就怕不要命！项羽见樊哙这气势，心中暗惊，忙赐他卮酒一斗、生猪肘一块。樊哙本身草莽出身，端酒一饮而尽，三下五除二拔剑分食了血淋淋的猪肘。项羽想伺机试探一下对方，又问樊哙还能再饮几杯吗？樊哙便借题发挥："臣死都不怕，还怕那几两酒吗？沛公入咸阳，待大王。大王听信小人之言为难沛公，怕是全天下的百姓都觉得你不仗义吧！"项羽自觉理亏，一时没想好台词对答，纠结是不是要动手，场上的气氛有点儿微妙，项羽手下都在纳闷要如何随机应变。刘邦不愧是刘邦，借口如厕，与樊哙、夏侯婴等人一起逃出军营，回归霸上。樊哙的勇士风范和怒发冲冠的豪气，为刘邦争取了一线生机。

公元前206年十月，刘邦称帝后，封樊哙为舞阳侯，娶吕后妹妹吕须为妻，他摇身一变，成了刘邦的连桥。

直率敢言的樊哙，也令刘邦产生了反感。刘邦晚年多病，常卧深宫，不见大臣，唯有一宦官在身旁服侍。樊哙直闯深宫，对刘邦说："想当初，我们一起在丰沛起义，何等威风！现天下已定，您却如此不振，难道忘记了赵高亡国的事了吗？"刘邦勉强挪了挪身子，对这个粗鲁大汉也是无可奈何。

刘邦病重时，有人在他面前诋毁樊哙，说其过世后，樊哙要带兵把戚夫人和赵王刘如意赶尽杀绝。刘邦本身就对吕后不满，樊哙爱管闲事早晚是个祸害，于是他命陈平和周勃去斩樊哙于军中。陈平知道樊哙的深厚背景，樊哙的妻子是吕后的妹妹，倘若杀了樊哙，以吕后的性格和作风，绝不会轻易放过他的，故只是把樊哙押送至长安。高祖去世后，吕后便把樊哙放了，官复原职。

● 狗屠夫：高渐离

荆轲来到燕国后，与当地的狗屠夫高渐离成了好朋友。荆轲喜好喝酒，整天与高渐离一起喝酒，高渐离击筑，伴着乐声唱歌，有时唱到兴起，竟哭了起来。

秦王嬴政二十六年（公元前221年）灭六国，建立了以自己为核心的专制政权。高渐离隐姓埋名，在宋子县当用人。后来，县人知道他擅长音乐，尊其为上客。秦始皇听了，便召见他，有人认出他来说："此人正是高渐离。"秦始皇不忍杀他，只将他的眼睛熏瞎，让他为自己击筑，放弃防范。一次在为秦始皇演奏时，早已酝酿多时的高渐离突然举起灌入铅的筑扑打秦始皇，结果失手，被秦始皇诛杀。

狗忠于主人，为人造福，又是忠心耿耿的伙伴。在日常工作和生活中，人们为表明自己尽心尽力，通常会说愿效犬马之劳。后来"狗"演化为带有贬义的称呼：狗官、狗腿子等，也有狗屁不通等骂人话。

● 天狗

《山海经》里的天狗是一种普通的野兽，"又西三百里，曰阴山。浊浴之水出焉，而南流于番泽。其中多文贝，有兽焉，曰天狗，其状如狸而白首，其音如榴榴，可以御凶"。天狗外形似野猫，头部呈白色，是御凶吉兽。"天狗状如大奔星，有声，其下止地类狗，所堕及炎火，望之如火光，炎炎冲天"。（《史记·天官》）奔星有时也指划过天际的流星，古人将天空奔星视为大不吉，所以天狗也变成了凶星。

《山海经》载，在厌火国有一条叫"祸斗"的神犬，这条神犬跟厌火国内的百姓一样，全身漆黑，食火、喷火、排泄火。然而，唯一的缺点是，祸斗喷火的时候不会像人那样可以控制火力大小，因此时常引发火灾，这可给厌火国人带来了数不清的麻烦。为了熄灭突如其来的大火，人们没少折腾，厌火国人不待见这条总是给自己惹麻烦的神犬，尽管不得人缘，但祸斗毕竟是火神的宠物，虽然厌烦，又奈何不了它。

● 斗犬

除了日常的陪伴，人们也喜欢玩一些跟狗相关的游戏，如斗犬，如《汉书·食货志》载："世有子弟富人或斗鸡走狗马，弋猎、博戏，乱齐民。"《西京杂记》载："茂陵少年李亨，好驰骏狗、逐狡兽，或以鹰鹞逐雉兔，皆为之佳名。""杨万年有猛犬，名青骏，买之百金。"

一万多年前，人类就驯化了家犬，当时人们以食用、玩赏为主，并用于原始祭祀和图腾崇拜。商代甲骨文中有用狗祭祀的记载，如"巫帝一犬一豕"。春秋战国时期，除了祭祀陪葬，也食用狗肉，如《孟子·梁惠王上》载："五亩之宅，树之以桑，五十者可以衣帛矣；鸡豚狗彘之畜，无失其时，七十者可以食肉矣……"

汉魏之际，狗的用处也有很多，譬如杀狗御灾，"杀狗磔邑四门。俗云狗别宾主，善守御，故著四门以辟恶"。（《风俗通》卷八）新石器时代，人们发明创造了陶犬形壶、陶狗等器具，狗也被用来作为杀伤工具。晋灵公以请赵盾喝酒做幌子，预先埋伏下甲士准备杀掉赵盾。赵盾的贴身侍卫提弥明发觉后，找了个理由说赵盾不能再喝了，借故再喝违背臣子侍奉国君喝酒的礼法，便扶着赵盾准备退出殿堂，晋灵公急忙叫人唤出猛犬，提弥明徒手与猛犬搏斗，将其打死。赵盾说："我这样的忠良之人你不用，反倒是用猛犬害我，就算猛犬再厉害，又能干什么！"尽管二人殊死力搏，但无奈被重重包围，二人举步维艰，且斗且退，终寡不敌众，为掩护赵盾，提弥明殉职了。

有钱有闲，君王贵族养犬成风，如《秦风·驷驖》"輶车鸾镳，载猃歇骄"，记载了秦公子携犬狩猎的场面，"猃""歇骄"均是猎犬名。秦昭襄王也是个爱犬人士，他的手下便用养犬来说明破六国伐秦之计。秦相应侯曰："王见大王之狗，卧者卧，起者起，行者行，止者止，毋相与斗者。投之一骨，轻起相牙者，何则？有争意也。"（《战国策》）

"狗"成为人们追溯幸福时光的关键词，对于大多数人而言，狗在生活中还具备陪伴的作用，有狗为伴的快乐时光，相对于事无巨细、冗长烦琐的工作，更显得纯粹而又单纯。秦二世二年（公元前208年）七月，李斯被押赴刑场，腰斩前他望着缚在一起的二儿子，不无遗憾地说："咱们爷儿俩再也不能一起牵着大黄狗，在上蔡东门外追野兔子了。"

● "狗拿耗子"的原因

汉代鼠患严重，汉画像石中就有狗拿耗子的图像。捕鼠被国家提上了日程，"不得鼠当笞五十"，即捕鼠不力者要遭受五十大板的惩罚，捕鼠有功者，则可免去刑罚。有时候，遇到一些案子，常以"得鼠"的多少作为是否"当笞"的根据。"四年夏，大旱，民多渴死。""二年，郡国大旱，蝗，青州尤甚，民流亡。"《帝纪》中记载了各类灾异240条，包括地震、山崩、旱灾、虫灾等，灾害发生后粮食短缺、老鼠泛滥，养猫、养狗成为灭鼠的一种手段。

● 狗戴帽

前汉时期，汉武帝之孙昌邑王刘贺，自恃为王，曾目睹诸多怪异的事件。一天，刘贺亲眼看到一只没有尾巴的白狗，戴方山冠，一溜烟儿跑进自己的宫里。还有一次，刘贺看到一只熊大摇大摆地从他眼皮子底下走过，但自己的随从却熟视无睹。第三次，规模较前两次明显，大群乌雀黑压压地聚集在宫殿之上。最后一次，刘贺的王座之上莫名其妙地沾染了许多血迹。种种诡异，令刘贺心怀恐惧，仰天长叹道："我的天啊！太奇怪了吧！"谋臣龚遂马上借题发挥，把憋了很多天的话说了出来："主子，这是在给您提个醒，要好好修行，否则怎么能对得起自己的身份呢？"

《汉书·五行志》中指出，刘贺遭遇的这四次奇葩事件中，最可怕的便是白狗戴帽的那次，"帽子"代表官职，预示着刘贺周围有一群狗官；狗无尾，"尾"通"位"，预示着刘贺死后，后继无人。刘贺遭遇狗官当道是不经意的果报，汉灵帝故意"西园弄狗，著进贤冠，带绶"，汉灵帝的仆人们天天忙活着伺候"狗大人"，耗费了很大精力。京房指出出现这种怪异事件的根源在于皇帝不务正业，"君不正，臣欲篡，厥妖狗冠出朝门"。(《易传》)灵帝私下命令身边之人，出售三公、九卿等朝廷大臣的官职，"公"的售价为一千万钱，"卿"的售价为五百万钱。汉灵帝唤戴官帽、系绶带的狗为"爱卿"，真真的"狗官"无疑。

史官怒骂道："强者贪如豺虎，弱者略不类物，实狗而冠者也。司徒，古之丞相，壹统国政。天戒若曰：宰相多非其人，尸禄素餐，莫能据正持重，阿意曲从。今在位者皆如狗也。故狗走入其门。"(《后汉书·五行志》)

三国时期，一只狗戴着帽子，穿着红色衣服，走入公孙渊家厅堂。厅堂乃高贵之地，走狗衣冠而入，预示将有人窃取尊位。

后来公孙渊仿佛走火入魔般不好好做官，人浮于事，跟风结派，在投靠曹魏还是投靠孙吴之间来回摇摆，最后干脆不为任何人服务，举起谋反的大旗，自立为燕王，结果死于非命。

● 加班狗

按照工作量统计，秦始皇是名副其实的"加班狗"，秦始皇13岁即位，22岁亲理朝政，39岁完成统一中国大业。《史记·秦始皇本纪》中记载"天下之事无小大皆决于上，上至以衡石量书，日夜有呈，不中呈不得休息"。不要说整个国家的大事小情，就是一个县城里鸡毛蒜皮的小事儿也能让一个踏踏实实的人忙晕，更何况是日理万机的皇帝。当然皇帝做事也是有计划的，用衡石称文书，每天定好工作量，否则玩儿命干活儿，身体怕是吃不消。

秦时，文字都是写在竹简上，每片竹简重5克左右，可以写38个字。以此计算，秦始皇每天的阅读量约30万字，相当于三分之一本《红楼梦》了。但那个时候没有纸张，只有笨重的竹简，因此加大了阅读的难度，秦始皇每天至少要阅读12个小时！

秦始皇也是爱狗人士，《汉书·留侯世家》记载："沛公入秦，宫室帷帐狗马重宝妇女以千数，意欲留居之。"秦始皇好不容易完成了统一大业，必须把自己的名号打响，他大刀阔斧地进行改革，将"王"改为"皇帝"，更为详细地记录了"以王令曰以皇帝诏""王猎曰皇帝猎""王犬曰皇帝犬"，对狗的称呼也有所变化，而且叫法要一致，若是不遵守还会受到处罚。当然对狗如此重视的不只这一位皇帝，战国中山国王的墓里有一条"王犬"，犬颈上皆戴有奢侈华丽的金银项圈，项圈上还刻有文字。

狗不仅跑得快，而且集多种动物的优点于一身，"盖轻迅者莫如鹰，猛捷者莫如虎。惟良犬之禀性，兼二俊之劲武"。（西晋傅玄《走狗赋》）繁盛的唐朝，尤其是无所事事的女性贵族，开始养起了宠物犬，乾隆皇帝还专门请画师为皇帝的猎犬画像，宫廷养犬娱乐之风经久不衰，"走犬逐狡兔，此其为乐也"。（《西京赋》）

● 狗话

上古时期，就有人类与狗类通婚的传说。帝高辛氏有一只名叫"槃瓠"的狗，毛色斑斓亮丽。西北游牧民族的一支"犬戎"族气焰嚣张，帝高辛氏攻敌心切，下令"乃募能得犬戎吴将军首者，赐以小女"。于是戏剧性的一幕发生了，正当勇士们为如何抱得美人归而大费脑筋时，"槃瓠"屁颠屁颠地叼着犬戎吴将军的头跑了过来。奈何，一言既出驷马难追，二八少女只能跟随这条勇士狗去南山生活了。

古代没有快递公司，也没有快捷的通信设备，加上山高水长、水路闭塞，因此人与人之间的联系非常不便。大才子陆机养了一只狗，因其耳朵是黄色的，取名为"黄耳"。在京师旅居的日子太漫长了，陆机很久没有家里的音讯甚是惦念，正在发呆时，他看到爱犬正瞧着自己，似乎通解人意，陆机便开玩笑说："小家伙儿，主人我都快与世隔绝了，你能帮我传递家书吗？"黄耳摇尾作声示意可以，陆机把家书装到竹筒里，系在它的脖子上，黄耳凭借犬类特有的嗅觉天资，不仅回到了家，而且还原路返回了陆机的寓所，后世"黄耳"成了"忠犬""传信者"的代称。

有一条名叫"黑龙"的义犬，它的主人是三国时期的孙吴人李信纯。一日他饮酒过量醉倒城外，城中起火，大火蔓延，醉汉无动于衷，黑龙见主人就要葬身火海了，试图用狂叫唤醒主人，但主人睡得太死，黑龙便过来打算拖走主人，无奈主人太沉，拖不动。黑龙急中生智，扑通跳入河中，沾了一身水，穿过火焰跑到主人身边狂吠以此叫醒主人，反复多次，每次都要奋力冲破重重烈焰，跑回水沟处，最终黑龙为了救主人累死在他的身侧。李信纯醒后抱着黑龙大哭，却已回天乏术，后来当地太守也知道了这个感人的事情，不无感慨："犬之报恩，甚于人，人不知恩，岂如犬乎！"当然，太守可不只是动动嘴皮子那么简单，他出面为黑龙建造了一个规模很大的义犬冢。

犬类不仅给人们一种踏实的安全感，而且也给人们平凡的生活带来很多乐趣，如果能不受制于狗笼子、狗链子，倦了时能躺下晒晒太阳，养足精神再迎风自由奔腾，这样的话，做狗简直幸福得不得了！白居易有诗："鸢饱凌风飞，犬暖向日眠……上无罗弋忧，下无羁锁牵。"（《犬鸢》）

有个喜欢搞怪的文人叫畅师文，他去别人家做客，主人没有亲迎，而是推脱说没工夫见客。午餐时间到了，主人派仆人送饭，畅师文让自己的随从把送来的食物倒在地上，送饭的仆人把这件事汇报给主人，主人以为自己的饭食不周，让仆人再送一份好的餐食，没想到第二次还是被倒在地上。主人亲自到场，畅师文当着主人的面把桌子推翻了，跳上马后，扬长而去。主人一脸不解，找人去问个究竟。畅师文一脸怒气道："你难道没看到他家地上那条狗吗？它任人呵斥，被随意晾在大厅，我跟他的狗一样不受待见，所以我把午餐赏给狗，绝尘而去。"

在文人的世界里，"马犬之事"也是人们打趣娱乐的一部分，欧阳公在翰林时，常与同院出游。一匹疾驰的马踩死了一只狗，欧阳公让各位同人试写此事，一曰："有犬卧于通衢，逸马蹄而杀之。"一曰："有马逸于街衢，卧犬遭之而毙。"欧阳公满是嫌弃，批评道："使子修史，万卷未已也！"大家便问他有何高见，欧阳公一针见血，仅用六个字概括"逸马杀犬于道"。

也有恶劣的文人试图偷盗犬类，以满足口腹之欲，被捉拿归案时，在公堂上还信笔有辞。文人滕达道在一个寺庙处读书，寺中僧人养了一只狗，滕达道也没跟僧人客气，半夜三更便自行把狗给处理了。僧人很生气，好不容易有只狗做伴，还被抓走吃掉了，遂去官府告状。县官让文人发挥他的特长，写一篇关于如何作案的文字，滕达道提笔写就《偷狗赋》："撒梵宫之夜吠，充绛帐之晨羞。团饭引来，喜掉续貂之尾，索绹牵去，惊回顾兔之头。"用词洗练，又不舍新意，居然让堂下为僧人打抱不平的大众啧啧称叹，不得不承认，无论什么时候，技多不压身啊！

● 相狗

狗被视为伙伴或捕猎、抓捕的工具，可以随意指派。人是有思想的，这是人与动物的区别，《史记·萧相国世家》载："夫猎，追杀兽兔者，狗也；而发踪指示兽处者，人也。今诸君徒能得走兽耳，功狗也；至如萧何，发踪指示，功人也。"但有时，用评判人的那套理论和方法去判断狗类，也是屡试不爽。

春秋战国时期，民间已出现了以"相狗"为职业的人，"齐有善相狗者，其邻假以买取鼠之狗，期年乃得之，曰：'此良狗也'。其邻畜之数年，而不取鼠，以告相者，相者曰：'此良狗也，其志在獐麋豕鹿，不在鼠；欲其取鼠也，则桎之'。其邻桎其后足，狗乃取鼠"。(《吕氏春秋·士容篇》)齐国有个人擅长相狗，邻居托他买一只擅于捕鼠的狗。他花了一年的时间寻觅到一只达标的狗，带给邻居，满意地夸口说："这是一只非常优秀的狗！"邻居很是感激，好饭不怕晚，迟到的狗总比没有狗好。此后，邻居尽心尽力供养这只狗，竭力做到了铲屎官的本分，但令邻居恼火的是，一年过去了，这只狗连一只老鼠都没抓过！看着房前房后成群结队的老鼠们，邻居气急败坏地向相狗人打了小报告。相狗人解释说："这的确是一只超凡脱俗的狗，它志向远大，普通的狗只能捕鼠，而这只优质的上等狗作用大得很，它的特长在于猎取獐、麋、猪、鹿，对捕鼠这种小儿科的任务，它不是不能办到，只是不屑办罢了，想让它捕鼠，就要打击它的傲娇气焰，把它绊住。"邻居拴住了狗的后腿，它这才履行起捕鼠的义务。

相狗这件事是要走心的。徐无鬼是个崇尚清贫生活的得道之人，魏武侯却是个追求嗜欲的世俗中人。本来道不同不相为谋，但为了仕途贤达，徐无鬼也是拼了，他用打比方、作比较、讲故事的方法，使得魏武侯能听取他的意见，他说："狗分三六九等，末流的狗，只求温饱，与野猫禀性一致；二等狗，眼光较高，不局限于吃喝拉撒这种蝇头小利，只是追求的目标高些；上等狗，别说利益，就连自己的命都不去考虑。这样才能做到不畏世俗、神态安闲（忘我），因而才是最好的狗。"

《庄子·徐无鬼》载："狗不以善吠为良，人不以善言为贤，而况为大乎。"拿世俗的要求去衡量外物的价值，见一斑而失全貌，以少失多，执迷于现象界，无法跋涉，哪儿有精力和兴趣去识鉴"骥骜""鸿鹄"之志呢？善叫的就一定是好狗吗？同理，对于人而言，巧言令色的就是好人吗？巧舌如簧的人说出的话真的可信吗？

● 刍狗

庄子褒扬天地之德，认为"天地不仁，以万物为刍狗；圣人不仁，以百姓为刍狗"。"天地不仁""圣人不仁"指天地和圣人一样，都没有私心，不会偏袒某种物或某个人。祭祀时，就不用走古板的礼仪路数，庄子认为现实生活中世俗人所谓的"仁"是小恩小惠，是假仁假义。

"刍狗"即草编的狗，古人用真狗祭祀，觉得很残忍，便用束草扎的假狗代替，"夫刍狗之未陈也，盛以箧衍，巾以文绣，尸祝齐戒以将之"。（《南华真经·天运》）

祭祀之前，将茅草制成的狗装在竹箱子里，盖上绣有花纹的布，祭祀主持人斋戒后，郑重其事地拿去祭祀。祭祀完毕，刍狗的利用价值实现后，人们就不再重视它了，把它丢到大路上，行人不经意地踏过它的头颅和脊背，拾草的人顺手拾回家当柴烧……当一个东西失去利用价值后，若不改故常，仍惜之若宝，外出旅游、居家随身携带，就算不做噩梦，也不舒服，这便是世俗的人生，世俗人眼中的"刍狗"。

　　刍狗和人有很多相似之处，多数时候，都是互相利用、麻木不仁、浑浑噩噩，为世俗所累，"生不认魂，死不认尸"，看不清生命的本质。少年时负笈他乡致力功名，青年时香车宝马困于大欲，中年后历经世事，反观人生之大错在于迷失自我。每个人都在寻找摸索一件又一件貌似实用的生命道具，却错过一场又一场美丽的际遇。

脱胎玉质独一品：玉

上古神话中，盘古消耗所有元气开天辟地而亡，身体肢解为山川大地、花草水流，骨髓变成了玉石、珍珠。

水神共工与火神祝融一言不合便相约在不周山斗法，经过一番殊死搏斗后，以水神共工失败告终，战败的共工恼羞成怒，撞断擎天大柱不周山，天塌地陷，日月星辰移位，洪水泛滥，大火蔓延，猛禽虐杀人类。这时，女娲娘娘想了个高招——炼石补天，她在天台山上待了四年，用了81天炼了36501块厚12尺、宽24尺、长24尺的五色巨石，修复了千疮百孔的人间，庇护了挣扎在生死一线的众生。

鉴于此，玉本身就是神的化身，具有神圣的光环，当其带着光环踏入人间，便化成了与众不同的神物。

《尚书·顾命》中记录了周成王时期的9件皇室传世国宝，皆是玉石打造而成。崇玉之邦，先贤赋予玉石更多意蕴，君子平易近人，圆润平和，"言念君子，温其如玉"。(《诗经·秦风·小戎》)古人慎"独"，时刻关注个人精神建设，注重自身修养，心

性的锤炼像打磨玉石一般,"如切如磋,如琢如磨"。(《诗经·国风·卫风》)

古人认为,玉是天地之精华,具有与生俱来的一股灵性。德来自天,其物化形态是玉,象征天命,"玉,石之美者。有五德,润泽以温,仁之方也;䚡理自外,可以知中,义之方也;其声舒扬,专以远闻,智之方也;不挠而折,勇之方也;锐廉而不忮,洁之方也"。(许慎《说文解字》)玉内外兼修,温润柔和似君子之仁德;玉内质细密有条理,具智慧和忠义之心;敲击玉石,清脆悦耳,似君子声名,闻名遐迩;玉外柔内刚,宁为身碎,不为瓦全,勇气可嘉;玉边缘棱角分明,却只是保持自身廉洁,自我约束却并不伤害他人,己所不欲勿施于人,恰是玉德真正可贵之处。廉,棱角,喻品行端方,有气节。刿,刺伤。诎然,是形容言语钝拙。

玉之声,喻君子之名声,《管子·水地》载:"叩之,其音清搏彻远,纯而不杀,辞也。"玉之瑕,在于其品德,表里如一,不虚伪做作,因此即便有些许斑点、裂纹等瑕疵,仍不乏为上品,正所谓"瑕不掩瑜,瑜不掩瑕,忠也"。

● 和田玉

按质地分,玉有软玉和硬玉。软玉,又称为"闪玉",色泽光洁、气质柔美,最常见的便是和田玉,"玉在山而草木润,渊生珠而崖不枯"。(《荀子·劝学》)玉石自带一股与生俱来的灵气,倘若蕴藏在山中,山中草木因此而滋润;深潭里生了珍珠,潭岸就不显得干枯。比喻人或事物能相互感应、潜移默化。玉虽美好,但须打磨，没被加工之前的璞玉外表粗陋，甚至被人们误以为是普通石头，不仅千里马需要伯乐，玉石也需慧眼识珠的人，才能脱颖而出。

春秋时期，有位叫卞和的匠人，好不容易在山里开采出一块璞玉，他迫不及待将这块有潜能成为稀世之宝的玉先后献给了不识货的周厉王和周武王，最后非但没有得到奖励反被砍掉了双脚。

楚文王即位后，卞和又抱着那块璞玉，在山下哭了三天三夜。文王见了便问他为何如此难过，卞和呜咽着说："我的玉明明是珍宝，却被厉王和武王认为是普通的石头。我明明是个诚实的人，却被误认为是骗子，所以我才这样伤心。"文王听后，立即让工匠剖开这块璞玉仔细辨别，果然是珍品，为了纪念卞和的拳拳忠心和坚守真理之义胆，将此玉命名为"和氏璧"。

和田玉是历代宫廷玉器的主要原料，按产状分为籽料、山流水料、山料、戈壁料。和田玉常见的颜色有：白玉、青白玉、青玉、黄玉、墨玉、碧玉、糖玉，"白玉"是所有和田玉中成色最好的品类。

和田玉产自昆仑山，历经火山爆发、地质变化、自然风化等劫难，有些流落到山上，有些滚进了河床。冰川融化，雪水流下，冲入河床的山料，几经打磨，棱角全被磨圆了。小块的和田籽玉，在河床里滚磨，绺裂或密度不够的部分被磨去，圆圆的籽玉滚到河床低洼处，沉淀几千年，甚至几万年。和田籽玉所在的低洼沙窝，有钠、铁等矿物质，渐渐渗入籽料的外皮，形为黄皮、红皮、沙金皮等。和田玉也算是海洋的产物，元古代和太古代海中沉积的白云质灰岩几经历练、蚀变，锻造成了如今的和田玉。

硬玉，又被称为"辉玉"。净白、绿、紫、黑、褐、粉，色彩斑斓，尤以浓艳的翠绿色最为高贵。先人们觉察硬玉特别像南方的一种鸟，这种鸟毛色艳丽，有绿、红等颜色，雄性为红，名唤"翡"；雌性为绿，名唤"翠"，便将硬玉以"翡翠"命名。硬玉刚强张扬，盈色灿灿，夺目绚丽。白玉如切断的肉脂。

和田玉有油脂般的光泽，令人忍不住亲近，这便是"仁"。许慎说："润泽以温，仁之方也。"《中庸》道："仁者，人也。"人应该如玉一样，坚韧细腻又温润仁爱，外圆内方，既能与人为善，又能节以自守，这才符合古人的"中庸"之道。和田玉又被称为昆仑之玉、塞山之玉、禺氏玉、钟山之玉、回部玉、于田玉、昆玉、真玉。

战国时期，月氏人主要在甘肃河西走廊地区活动，曾到达昆仑山，经营玉石贸易，所以成为"禺氏玉"，又处田国境内而被称为"于田玉"。直到清光绪九年（1883年）设立和阗直隶州时，它才被正式命名为"和阗玉"。

玉之美，在骨为玉德，在皮为玉色，纯色的玉被用来彰显德行与权力，《周礼·考工记》记载："天子用全，上公用龙，诸侯用瓒，伯用将。"全，纯色也；龙、瓒、将均是杂色。玉色大致分为单色与双色，白色系有羊脂白、雪花白、梨花白、象牙白、鱼肚白、糙米白、鸡骨白等。羊脂白是玉石界中的精英，被誉为"玉王""玉英"，上等的羊脂白玉并非纯白色，而是混有淡黄色或淡灰色，除此之外还有青白玉、青玉、碧玉等绿色的玉。青中带白，实为浅绿；青玉，白色逐渐变浅，绿色加重；碧玉，绿色最重，以暗绿色、墨绿色最为常见。

采玉人通过两种方式开采玉石，一是在山上用尖锐的石头或器物磨玉，又称"攻玉"，每年5月至8月天气转暖时，采玉人登昆仑雪山之巅掘坑取玉。二是在河流上下游拣玉、挖玉，"东曰白玉河，西曰绿玉河，又西曰乌玉河。三河皆有玉而色异，每岁秋水涸，国王捞玉于河，然后国人得捞玉"。（《新五代史》）

在新疆，有一批"缠头回人"，为了收获更多的玉石，他们在头发上缠绕一层布，害怕将头发露出来会影响挖掘的结果。这些缠头的回族人乘船或骑着骆驼，跋山涉水，过嘉峪关，最远抵达张掖或酒泉，经甘肃西部一路携运而来上等玉种，被内地贩玉的商人们争相购买。有个叫"琐里"（古代南洋群岛上的一个小国）的地方，出产一种会变色的玉，平常是白色的，阳光下显出红色，到了阴雨天则呈现为青色，人称"玉妖"，这等名贵的玉石只有在皇宫里才能见到。

● 蓝田玉

《蓝田县志》记载，早在五千年前，人类祖先用蓝田玉打磨成玉璧、玉戈；秦始皇统一六国后，命丞相李斯采选蓝田玉，雕琢"受命于天，既寿永昌"的传国玉玺，蓝田玉赫然成为中国四大名玉之一，"玉之类者曰求，其次曰蓝，盖以县出美玉，故名蓝田"。（《三秦记》）蓝田玉俗称"彩玉"，质坚光润、纹理细密、一玉多色，以羊脂白、天青、翠绿、玄黄、赭红五色为主，到了战国时期，蓝田玉才流入普通人家。蓝田玉至此历经了从可望而不可即的神玉，到一国之尊万人之上的君玉，再到寻常百姓家的珍品的民玉三个阶段。

在新石器时代中晚期的蓝田玉制器，被认为有着通天地之神灵，作为祭品、祭神而用。战国时代，大量蓝田玉器作为陪葬物。

蓝田玉出产于隶属陕西省西安市东南的蓝田县，秦代象征权威的帝王玉玺就是取材于蓝田玉，其也被用于制作玉枕、玉镯、玉佩、玉钗、玉杯、玉壶、玉碗等玉器。盛唐时期，蓝田玉的使用空前鼎盛，"蓝田"这个名不见经传的地方也因盛产美玉而闻名。

文人墨客笔下不乏溢美之辞，诗人李商隐写诗赞赏蓝田玉："沧海月明珠有泪，蓝田日暖玉生烟。"暮色霭霭，物质燃烧产生的气体，在太阳的照射下升温，玉石受热后又将热传给了空气，袅袅青烟缭绕，仿若天上来，不似在人间。它不再只是女子的装饰品，它本身自成风景，"头上蓝田玉，耳后大秦珠"。（辛延年《羽林郎》）明代以后，人们将蓝田玉雕刻成各种形状的玉佩，佩戴在身上祈求吉祥。

● 玉衣

"玉衣"之名最早见于《汉书》，又称为"玉匣"或"玉柙"，是汉代皇帝和贵族去世时使用的殓服。史书记载，西汉玉衣一般是用金缕玉衣，到了东汉就有金缕、银缕、铜缕之分。此时，玉衣的使用有着明确的等级规定：皇帝去世后着金缕玉衣；诸侯王、列侯、始封上人、公主着银缕玉衣；大贵人、长公主着铜缕玉衣。

玉衣由数千片小玉片穿缀而成，分为头部、上身、裤筒、手套和鞋五个部分，各部分彼此分离。制作玉衣时，根据身体各个部位的特点，设计为长方形、方形、三角形、梯形、四边形、多边形等不同形状的玉片。每片玉片的四角有穿孔，以便用金属丝缀连。穿缀玉衣用的金属丝为：金丝、银丝或铜丝，分别打造成"金缕玉衣""银缕玉衣""铜缕玉衣"。东晋葛洪的《抱朴子》云："金玉在九窍，则死人为不朽。"《后汉书·刘盆子传》云："赤眉发掘诸陵，取期货宝……凡贼所发，有玉匣殓者，率皆如生。"

玉衣起源于两周，出现于西汉，至东汉发展完备，魏晋时期又走向衰落，是汉代皇帝及高级贵族去世后特殊的殓葬用玉，亦是汉代特有的丧葬用玉。

一套完整的玉衣包括襦、札、甲三部分。"襦"为玉衣的上衣，"札"为玉衣的下衣，"甲"（即"匣"）为玉衣的足部。玉衣的头部由头罩和脸盖构成，上衣由前片、后片、左右袖筒组成，裤筒、手套、鞋都分左右两类，与人体形状类似。

古代工艺技术老旧，技术熟稔的老玉匠做一套玉衣也至少需要十年的时间，死者被大大小小的玉块包围，期待自己羽化成仙或尸身不朽。亿万年后，尘归尘，土归土，不朽的只有玉石而已。

● 金声玉振

金，钟也。"钟，乐钟也。"（《说文解字》）钟声"始洪终杀"，"杀"是终止、收束的意思，开始演奏时，钟声如洪涛般汹涌，敲击声渐次变小。玉，磬也。磬声无高低音，自始至终"首尾如一"，奏乐以钟发声，以磬收韵，有始有终。

君子与玉也是莫逆之缘，无特殊情况，君子玉不离身，"古之君子必佩玉，右徵角，左宫羽。趋以采齐，行以肆夏，周还中规，折还中矩，进则揖之，退则扬之，然后玉锵鸣也"。(《礼记·玉藻》)古时候，君子身上都挂有玉佩，走路时右边的玉发出的声音像徵声和角声，左边的玉发出的声音像宫声和羽声。在路寝门外至应门快走时演奏《齐乐》，在路寝门内至堂上行走时演奏《肆夏》，反转回行所走的路线要呈弧形，拐弯时所走的路线方如矩形，前进时身体略俯像作揖一样，后退时身体略仰，这样玉佩在行走时就能发出铿锵的鸣声。君子乘车的时候能听到鸾铃与车轼上的铃声相应，步行的时候能听到腰间挂的玉佩的撞击声，因此种种邪辟恶念就无从进入君子的心中了。士大夫在国君面前不能挂玉佩，左、右两边都要佩戴国君有事时所需的东西；在平时，士大夫去往任何地方都要佩戴玉佩，朝见国君时再佩戴国君所需用的东西。

"金声"指青铜编钟，"玉振"指编磬，两者合称为"金石之乐"。钟，为打击乐器，黄帝时始造为陶制，易碎，商代冶炼技术发展后，发明了铜钟。

"磬"在母系氏族社会时曾被称为"石""鸣球""戛击鸣球""击石拊石"(《尚书·益稷》)，由普通的青石作为原材料打造而成，"磬"为"青"的谐音字，"鸣球、玉磬，同谓石磬，古人于石之美者，多以玉名"。(戴震《乐器考》)后来，随着制作技艺的提升，出现了铜制磬，在周代磬被赋予了礼制意义，与钟一起成为当时最为重要的礼乐之器，称为"磬玉"，寓意名贵、吉祥。

钟与磬通常齐用，礼乐活动中，先击"钟"，后击"磬"，"晋

郤至如楚聘，且涖盟。楚子享之，子反相，为地室而县焉。郤至将登，金奏作于下，惊而走出"。(《左传·成公十二年》)

"金声玉振"比喻人之品德。孔子是儒家学风的代言人，集伯夷、伊尹、柳下惠三人之德，也被称为"大成"。"集大成也者，金声而玉振之也。金声也者，始条理也；玉振之也者，终条理也。"(《孟子·万章章句下》)

"乐"和"礼"是紧密相连的，刘勰在《文心雕龙·乐府》载："岂惟观乐，于焉识礼。"礼在乐中显现，观乐识礼，在儒家看来，礼、乐典雅纯正、庄严肃穆。"钟""磬"这类乐器的声音正符合礼乐的要求，"声以静为本"，因此钟磬成了当时雅乐的主要演奏乐器，被称为"金石之吉"，"钟""磬"也在某种程度上成了典礼之声的标志。

玉石相互碰撞会发出美妙的声音，"有女同行，颜如舜英。将翱将翔，佩玉将将。彼美孟姜，德音不忘"。(《诗经·有女同车》)《乐记》将五种音比作五种物象，"宫为君，商为臣，角为民，徵为事，羽为物"。

"金声玉振"还有声名远扬之义，"唯天子建中和之极，兼总条贯，金声玉振"。(汉荀悦《汉纪·武帝纪五》)"政建中和，金声玉振。"(李德裕《仁圣文武至神大孝皇帝真容赞》)以玉比德，谨言慎行，方为德行之道，白玉圭上有了黑色斑点，匠人可以把它磨掉修平，无伤大雅；言语政令若失德，则伤及无辜，即"白圭之玷，尚可磨也；斯言之玷，不可为也"。(《诗·大雅·抑》)

● 璧

中国最早的玉器可以追溯到新石器时代，人们劳作时用的石斧演化成"玉璧"，扁平状圆形石料中间有孔，内外兼圆形，包括"肉"和"好"两部分。"肉"指玉器实体部分，"好"指玉器中心的孔，根据中央孔径的大小，分为玉璧、玉瑗、玉环三类，"玉璧"单指小孔径宽边的一类。

商周时期，玉成为国家之礼器。《周礼》载："以玉作六器，以礼天地四方。以苍璧礼天，以黄琮礼地，以青圭礼东方，以赤璋礼南方，以白琥礼西方，以玄璜礼北方。"天具备催动万物的能力，因此才有牲畜等动物及谷类等植物。在生活中，"阴德"主生养万物，礼仪、礼节以此约束；"阳德"主动，声乐缓和节制，以助人与人、人与自然、人与社会和谐共处。

随着古代君主先贤对礼乐文明的重视，玉璧也蕴含了更多的意义和功能。"以苍璧礼天，以黄琮礼地"，"璧"献君，"琮"献夫人，是"天地配合之象"。"天地配合"即是"阴阳和合"之意。君为乾为阳，璧属阴；夫人为坤为阴，琮属阳。

"璧"代表包容生养万物的物种，譬如：地、坤、阴、母、女。"琮"代表具备阳刚之气的物种：乾、父、男、天。

璧圜，象天的形状；琮八方，象地的辽阔。"瑞玉，圜以象天也。"(《大广益会玉篇·玉部》)

● 诗词中的玉

　　上古神话中，玉石制成的玉符是王令的征显，三苗作乱"太阳暮升，祖庙飞龙，集市犬吠"。夏天，水结冰，土地开裂、五谷不生，百姓担惊受怕、鸡犬不宁。高阳令大禹平定叛乱，大禹接过玉符领命，征讨有苗。

　　玉乃石中英华，《山海经》里有关于玉石发源地的描述。虞山往东五百里的地方，有座山叫祷过山，山上有丰富的金属矿物和玉石，山下有许多的犀牛和野象。祷过山往东五百里，有座山叫丹穴山，盛产金属矿物和玉石。

　　在爱情中，这些精美的石头也扮演着重要的角色。"投我以木瓜，报之以琼琚。匪报也，永以为好也！投我以木桃，报之以琼瑶。匪报也，永以为好也！投我以木李，报之以琼玖。匪报也，永以为好也！"（《诗经·卫风·木瓜》）琼琚，华美的佩玉。琼，玉之美者。琚，佩玉。琼瑶，美玉。琼玖，美的黑玉。无论什么颜色的玉，都被视作极为圣洁之物，寓意人们美好的信仰。

　　恋人们试图用美玉作为信物，并不是单纯出于社交礼仪的礼尚往来，而是"永以为好也"。《国风·王风·丘中有麻》载："丘中有李，彼留之子。彼留之子，贻我佩玖。"男子约女子在土山上幽会，将佩玖作为定情之物。也有恋人将心上人比作美轮美奂的玉，《汾沮洳》载："彼其之子，美如英。美如英，殊异乎公行。"汾水的河湾处，采摘水沓菜。那朝思暮念的意中人啊，美得就像一块玉,比王公家的官儿优秀多了!

再看苏轼笔下的玉:"玉骨那愁瘴雾,冰姿自有仙风。海仙时遣探芳丛。倒挂绿毛幺凤。素面翻嫌粉浣,洗妆不褪唇红。高情已逐晓云空。不与梨花同梦。"(《西江月·梅花》)这首词明为咏梅,暗为悼亡侍妾朝云。词中所描写的惠州梅花,实为朝云高洁人品的化身。它不怕瘴气的侵袭,而是单片直入,它的"玉骨"体现在不施粉黛,不以容姿、妆容为取悦世人的"高情",与世俗花草不同,梨花则随季节而凋落。

朱淑真笔下的"梨花"柔弱堪怜:"寒食不多时,几日东风恶。无绪倦寻芳,闲却秋千索。玉减翠裙交,病怯罗衣薄。不忍卷帘看,寂寞梨花落"。(《生查子·寒时不多时》)一个百无聊赖的女子,食不甘味,在东风交恶的寒冷天气下,倦怠无力,病容憔悴。独守空闺的女子的生活便随着应季转瞬即落的梨花,凄苦而又寂寥。

梨花颜色玉般无瑕、雪晶莹透,朵朵竞放,有"占断天下白,压尽人间花"的气势,有诗句云:"洛阳梨花落如雪"(萧子显《燕歌行》);"昔去雪如花,今来花似雪"(范云《别诗》);"芳春照流雪,深夕映繁星。"(王融《咏池上梨花诗》)

玉之贵不只在于色泽,而在其内在品质,其高风亮节在于不为瓦全,与这婆娑大千世界抗衡的最后一丝傲气,令人为之唏嘘、由衷叹喟!

● 玉琀

玉琀又称"含玉",是含于死者口中的葬玉,是一种上尖下方薄片圭(guī)。商周玉琀有玉蝉、玉蚕、玉鱼、玉管等,春秋战国时期玉琀有玉猪、玉狗、玉牛、玉鱼等,多为各种小动物。

蝉生于地下洞,"饭含珠玉如礼"。(《后汉书·礼仪志下》)亡人含蝉,寄语亡人"蝉蜕"复生,灵魂延续。作为葬品的琀,轻盈单薄,而平日佩戴的玉佩蝉则更厚、更立体。

汉代的玉蝉,线条简练、粗犷有力,刀刀见锋,刀法刚劲,平滑光亮,边沿棱角锋利,精锐刺手,技艺之工在于,八下毕现一只蝉的全貌,被称为"汉八刀",这种精湛的做工多见于葬品中。东汉光武帝刘秀的儿子刘焉的玉琀蝉,是用顶级羊脂白玉料制成,通体洁白晶莹,温润半透明,光滑轻巧,振翅欲飞。

蝉栖于高枝、风餐露宿,节制有度,"饱而不食者蝉也"。蝉在古人心中是高雅、清高、廉洁的代名词。千百年来,蝉入诗入画,成为文人墨客笔下的常客,生者用为装饰,死者用为琀。琀蝉,即含在口中随葬的玉蝉,一般刀工简单,无穿孔;佩蝉,即用来当作佩饰的玉蝉,顶部有孔,便于佩戴;冠蝉,即镶嵌于帽上的饰物,无穿孔。

在棺椁里放玉器,能防止肉身不朽、灵魂出窍,借蝉之羽化,喻人能重生。《仪礼》上说,要给死者"楔(xiē)齿",防止尸体僵硬后牙齿紧闭无法进行饭含。旧时人去世当天就为他沐浴(洗澡），之后立刻饭含、敛（给死者穿衣服）。更讲究的人家，不仅口中含玉，鼻子和耳朵中也有玉塞，手握玉握，眼盖玉片，用玉武装全身，以求尸身不朽，"金玉在九窍，则死人为不朽"。（葛洪《抱朴子》）用玉塞住亡者的耳、目、口、鼻及尿道、肛门等九个孔道，可使尸体不朽。

达官贵人入葬时，大多手握玉猪，身穿金缕玉衣，口含玉蝉。玉蝉佩腰间，谐音"腰缠（蝉）万贯"，挂在胸前的玉蝉取名为"一鸣惊人"，这便是"佩蝉"。头冠之上装饰的玉蝉，又名为"冠蝉"。

● 刚卯、严卯

汉代人常佩戴佩饰驱疫辟邪，号称"双印"的刚卯、严卯与司南、翁仲并称为"辟邪三宝"。"刚，彊断也。"（《说文解字》）引申为助其刚健之意，《后汉书·吴汉传论》载："刚毅木讷近仁。"注曰："刚毅谓强而能断。"西汉统治者姓氏为"刘"，"刚者强也，卯者刘也。正月佩之，尊国姓也。兼而论之，乃欲尊王而辟邪尔"。（《野客丛书》）《汉书·王莽传》载："刚卯，长一寸，广五分，四方，当中央从穿作孔，以彩丝茸其底，如冠缨头蕤，刻其四面，作两行书。"

从战国到汉代，制作重要宗教用器时都会选择黄道吉日开工，"刚卯"的制作完工吉日，恰是正月卯日，即"除日"，有消除灾害之意。

五月初五，汉人佩五彩丝绶于臂上，以"辟兵及鬼，令人不病""驱逐疫鬼，厌胜辟邪"，佩刚卯、严卯，意在以吉煞凶，祈祝祥和平安。

刚卯与严卯常合称为"双印"或"双卯"，主要流行于中原、江淮以及楚地。不同阶层所佩戴的双卯质地不同，俸禄二千石至四百石的官员用黑犀牛角双卯；二百石以下到私学的仕人子弟用象牙双卯。"佩双印，长寸二分，方六分。乘舆、诸侯王、公、列侯以白玉，中二千石以下至四百石皆以黑犀，二百石以至私学弟子皆以象牙。"（《后汉书·舆服志》）玉柱为"灵殳"，又称为"玉棒"或"玉杖"，用于诛鬼和疫疠。琮内圆而外方，故有"上通宇宙、下达四隅"之意蕴，从玉琮到刚卯、严卯，从"贯通天地"到"辟邪通灵"。

在甲子纪年里，分为黄道吉日和黑道凶日，凶日如"甲子""乙卯""丙午""丁未"之年（即"红羊劫"），卯也蕴含"乙卯"之意。《左传·昭公九年》载："辰在子卯，谓之疾日，君撤宴乐，学人舍业，为疾故也。"杜预注："疾，恶也。纣以甲子丧，桀以乙卯亡，故国君以为忌日。"《汉书·翼奉传》云："北方之情，好也；好行贪狼，申子主之。东方之情，怒也；怒行阴贼，亥卯主之。贪狼必待阴贼而后动，阴贼必待贪狼而后用，二阴并行，是以王者忌子卯也。"刚卯和严卯都有"刚尅乙卯晦邪"之功用。

五行对应五色、五音、五方，"东方木，在色为苍（表春天）；南方火，在色为赤（表夏天）；中央土，在色为黄（表四季之余）；西方金，在色为白（表秋天）；北方水，在色为黑（表冬天）"。（《黄帝内经》）在刚卯、严卯的四周，刻以"辟邪"的文字，意味着一年四季，无论走往东南西北哪个方位，都能够"镇邪""辟邪"，吉祥顺意。

● 玉镯

手镯，又称为钏、条脱、条达、臂环、臂钗、挑脱、跳脱，玉钏就是玉镯，从官宦大户至富裕人家，女儿出嫁时不能没有玉镯，所谓"无镯不成婚"。

春秋时期玉镯呈扁形，唐代有镶金玉镯，宋代玉镯呈圆环形，内平外侧、光素无纹，明清玉镯多见装饰，如联珠纹、绳索纹、竹节纹等。手镯最初作为巫术礼仪、图腾崇拜、等级标志之器，是辟邪、祈佑平安、寄思定情之物。玉，音如"遇"，寻寻觅觅，佳缘存不期之间；镯，音同"卓"，遇卓，即玉镯。

东汉繁钦在《定情诗》中说："何以致契阔？绕腕双跳脱。"手镯背负了"死生契阔，与子成说。执子之手，与子偕老"的重托。玉恭敬平和、质朴悠远，恰如君子之德。玉镯，具有温润、空灵、清淡、简朴的特点，集天地至精之气。

西汉以后，受西域文化与风俗的影响，妇女用玉镯装饰手臂，被称为"玉臂钏"，以圆柱体、扁圆体素面较为普遍，臂环别有创意，可根据手臂的粗细进行调节。唐代臂钏是密教造像中的八庄严之一，多见于敦煌壁画中。

在佛教题材的壁画和绘画作品中，仕女、飞天、菩萨均佩戴玉手镯。手戴臂钏的女子则出现在宫廷贵族和平民百姓的画作之中，如初唐画家阎立本的《步辇图》和周昉的《簪花仕女图》。

佩戴玉镯的过程中，会与皮肤产生摩擦，这样可以软化皮肤细胞，疏通皮肤的汗腺，有助于人体的新陈代谢。左手离心脏最近，在日常的工作和学习中，玉镯佩戴在左手，对心脏有益。左手为净手，汇聚天地灵气的玉镯，为免于玷污，最好将镯子佩戴于左手。现实生活中，如玉镯佩戴于右手，从事劳动时易磕碰损坏。

从养生角度看，玉石有"除胃中热，解烦懑，润心肺，助声喉，滋毛发，养五脏，安魂魄，疏血脉，明耳目，久服轻身长年"（《本草纲目》）等功效，常佩戴玉石，可使人血脉顺畅、容光焕发，肌肤美白细腻，眼睛明亮有神，充满活力。"至孝明皇帝，乃为大佩，冲牙双玉禹璜，皆以白玉""佩双印，长寸二分，方二分，乘舆、诸侯王、公、留侯以白玉"。（《后汉书·舆服志》）

● 司南玉佩

"司南"一词最早见于《韩非子·有度篇》，"夫人臣之侵其主也，如地形焉，即渐以往，使人主失端，东西易面而不自知。故先王立司南以端朝夕"。臣子侵害君主，就像人迷路了一样，任其发展下去，君主会迷失方向、不辨东西，所以古代圣明的帝王用指南的仪器来辨别方向。

司南玉佩是汉代辟邪玉之一，形若"工"字形，呈扁长方体，分上下两层，两长方柱相连形横腰环一凹槽，利用磁场正方向、定南北，形如勺，像瓢或北斗星形。无论勺如何转动，勺柄始终指向南方，"司南"意为管理南方者，是指南针的始祖，又名"司南佩"或"胜形佩"。

上古神话中有司天的官名叫"南正"。《国语·楚语下》讲述"绝地天通","颛顼受之,乃命南正重司天以属神,命火正黎司地以属民。"韦昭注:"南,阳位,正,长也。司,主也。属,会也。"遂仿司南之形,打造成佩饰器,雕琢成顶部有司南形状的小玉佩,随身佩戴。

司南可作为人们占卜吉凶的工具,底盘上刻有天干、地支、八卦等占卦图案,算卦人根据勺的指向预测吉凶。

司南佩有广闻博学之意,"由是博考诸传,综览群言,研核异同,撰成《音义》,亦足以畅先皇旨趣,为学者司南"。(扬齐宣《晋书音义序》)

● 龙凤玉佩、玉螭纹、虎佩

龙是中华民族最古老的图腾之一,是国家、帝王、阳刚之气的象征。龙集虎、蛇、鹰、鱼、牛等九种动物的优点于一身,能适应陆地、水上、天上等各种环境。龙为四灵(龙、凤、麒麟、龟)之首,"凤"则是阴柔美女的化身。"凤鸟"是由鸡的头、鸳鸯的翅、孔雀的尾、仙鹤的脚组合而成的神鸟,古人把它视为百禽之王,雕刻龙凤在玉石上,名为"龙凤玉佩"。凤鸟五彩斑斓,又称为"凤皇""鸾鸟"。"凤,神鸟也。天老曰:凤之象也,鸿前麟后,蛇颈鱼尾,鹳颡鸳思,龙文龟背,燕颔鸡喙,五色备举。出于东方君子之国……莫(暮)宿风穴。"(《说文解字》)

汉宣帝五凤三年(公元前55年),"三月辛丑,鸾凤又集长乐宫东阙中树上……文章五色，留十余刻"(《汉书》)，凤又因此被称为"帝吏"。

上古圣王在建国以及尧、舜、禹治国时，均有凤鸟相伴，《吕氏春秋·古乐》载黄帝曾令伶伦"听凤皇之鸣"来制作音律，《尚书·益稷》载舜帝时表演《箫韶》乐舞，使得"凤皇来仪"，"禹乃兴《九招》之乐，致异物，凤皇来翔"。(《史记·五帝本纪》)

螭，中国古代神话中的灵兽，是没有角的龙，性格好险勇猛。螭纹出现在玉器上是在春秋晚期，从汉代开始盛行。螭纹造型丰富，有独螭、母子螭等，三五只玉螭嬉戏玩耍，或做爬行状，或出没于云雾之中，或虚张声势，或探头探脑，它们大多身形粗壮，四肢矫健有力。

秦始皇的玉玺上刻有螭虎，随后各朝纷纷仿效，常以螭为纽制作宝玺，"初，高祖入关，得秦始皇蓝田玉玺，螭虎纽，文曰'受天之命，皇帝寿昌'"。(《宋书·志第八》)

在战国时期出现，战螭如龙，玉器上刻有螭，"似虎的猛兽""龙的九子之一""无角的黄色的龙""雌龙"。汉武帝时期，"螭"被认为是一种海兽，有人说螭龙是水精，能够防火，可以置于房顶上以避火灾；还有人说螭是龙九子中的二子。

虎乃百兽之王，无比雄健，凶猛异常，东汉许慎的《说文解字》中称虎为"山兽之君""百兽之长"，有的部落还会以虎为图腾。在中国古代，虎为百兽之王，以虎来代指勇猛之士，如"五虎上将""虎贲之师"等。

古代调动部队的兵符也是虎的造型，称为"虎符"，可传达命令、调遣兵将，也可作为出入国境、关卡、军营、要塞的凭证。

虎符最早出现于春秋战国时期，一地一符，调兵遣将时需要两半勘合验真，虎符的背面刻有铭文，右半存于朝廷，左半由统兵将帅或地方长官保管。

● 玉佩

子贡曰："有美玉于斯，韫椟而藏诸？求善贾而沽诸？"子曰："沽之哉，沽之哉！我待贾者也。"（《论语·子罕篇》）子贡说："我有一块美玉，是把它放在匣子里藏起来，还是找识货的商人卖个好价钱呢？"孔子说："卖了它！卖了它！我早就等待这一天了！"

孔子的人生理想是为官，进而推行自己的政治理念，但他不是毫无原则地去求官职，他要寻找更适合的机会，找到真正的伯乐，才能实现自身价值。

古人用玉比喻人的美好品格，温润示"仁"，表里如一示"义"，声音清越示"智"。玉佩起初是挂在脖子上的，到了东周，改为系在腰间。西周的组玉佩是用来约束人行走仪态的，组玉佩挂在身上，玉害怕"惊""跌""撞"，级别越高的人，身上的组玉佩就越长，行走时的步伐就越和缓雍容。《礼记·玉藻》载："天子佩白玉而玄组绶，公侯佩山玄玉而朱组绶，大夫佩水苍玉而纯组绶，世子佩瑜玉而綦组绶，士佩瓀玫而缊组绶，孔子佩象环五寸而綦组绶。"佩戴时组玉佩会从脖子一直悬至脚踝，佩戴者在走路时也就必须举止温文端庄。

● 玉兔

"於（wū）菟"是"虎"的土语，上古时代，巴楚一带有的民族崇虎，将所有神灵都称为虎神，月神也为虎神，土语即"於菟"。嫦娥奔月后，成为月神，嫦娥也被称为"於菟"。把"菟"解说成"兔"，又因"於"为多音字，也读yú，"於菟"与"玉兔"音相近，"於菟"也就被后人附会成"玉兔"。另外，兔子还象征成功，十二生肖之中，排名第四，对应地支中的卯。

兔子是瑞兽，不同颜色的兔子等级不同，赤兔最祥瑞，白兔实质只是中等级别的祥兽，"赤兔大瑞，白兔中瑞"。（《瑞应图》）史前时期，玉石所作的兔子，呈黄白色、伏卧状、嘴前伸，鼻子似在嗅着什么，耳朵向后伸，背部呈弧形上凸，尾巴上翘分叉；身体榫部长条形，对钻成四孔。商周时期的玉兔以片雕为主，是兔子侧面形象的剪影。西周时期玉兔的大小同商代差不多，耳长为身长之半，且不再贴于背部，颈部明显，臀部向上翘起，蓄势待发。西周时期的玉兔更富有动感和灵性，姿态自然。商周以后至汉代，淡色的兔子升级为彩色兔子，汉代红玛瑙兔就是典型代表。

月中的兔、蟾蜍及日轮中的三足乌代表天体的运行。"兔子曰勉"，兔崽称为"娩"，兔子生崽均匀，一月一孕，"生子齐均也"，（《说文解字》）后称妇女生孩子为"分娩"。先民因玉兔、蟾蜍有极强的生育能力，以期多子多孙。兔子之所以成为月神，是因为兔子常在晚上生产。

汉代以后，匠人们着重刻画兔子日常生活中的真实表现，直至明清，匠人在兔子的造型上黔驴技穷，只能靠精湛绝伦的手艺取胜，他们将图案生动化，并搭配多层镂雕。

兔子可爱、温顺、灵活和敏捷，繁殖能力强，是一种祯祥的动物，不得随意伤害，否则就会有恶报。传说孕妇食兔会致婴孩唇裂，"妊妇食兔，生子缺唇"（王充《论衡·命义篇》）；"妊娠者不可啖兔肉，亦可不见兔，令儿缺唇"。（晋·张华《博物志》）

远古时期，天上有十个太阳，炽热难熬，庄稼枯焦，百姓苦不堪言。有个叫后羿的勇士，为了解救百姓，用箭射下九个太阳，只留下一个用来普照大地。自此，百姓过上了正常的生活，为了奖励后羿，仙人赠其一包仙丹，后羿将其放到妻子嫦娥手中保管。后羿的徒弟趁其出猎时，逼嫦娥交出仙丹，嫦娥情急之下，将仙丹吞进腹中，顷刻之间，飞往月宫。在月宫内，有玉兔为其捣药，月亮遂又被称为"玉兔""玄兔""金兔"，"兔，吐也，明月之精，视月而生"。（《埤雅·兔》）

● 玉府

玉府是我国历史上第一个专门掌管玉的机构，隶属于天官冢宰，由上士主管，共有78人，分别负责档案管理、技术管理、加工采集、保管供给等工作。《周礼·天官·玉府》载："玉府：掌王之金玉玩好兵器，凡良货贿之藏。共王之服玉、佩玉、珠玉。"

国君头上所戴的冠冕，佩有双璜、双衍、琚瑀、冲牙等饰物。王帝和诸侯邦国进行盟会交往活动时，还需提供珠盘玉敦等礼仪玉器。

玉府收藏保管金玉、珍异、兵器、玩好等物品，为宫廷提供上等玉器和其他名贵物品，除此之外还征揽渔业税。

在关键时刻，玉府内的珍品也会派上用场，"凡祭祀丧纪宾客。共其死兽生兽。凡兽入于腊人。皮毛筋角入于玉府"。祭祀、丧祭、招待宾客等事情，相关部门负责供给相应的死兽和活兽，他们将捕获的野兽都交给腊人（官职名称），兽皮、兽毛、兽筋、兽角等物则送交玉府。

● 祭祀之玉

玉礼器主要用于祭祀活动，但并非泛指礼仪中所用的一切玉器，而是专指璧、琮、圭、璋、璜、琥，这六种用以祭祀天地四方的玉质玉器，称为"六器"。这是沟通人神、取信于神灵的凭物，即所谓"尊神以珪璧为信"。

宗庙等各种祭祀活动中也广泛使用玉圭、璧，祭祀日月星辰。璧，扁圆形，正中有孔，分为大璧、盖璧、谷璧、蒲璧。大璧径长一尺二寸，是天子礼天之器，在礼拜过程中，不同身份的人执掌不同的璧种：盖璧，形圆，象天苍，象天之色；谷璧，子所执，饰谷纹，取养人之义；蒲璧，男所执，瑑饰为蒲形，蒲为席，取安人之义。这四种玉璧统称为"拱璧"，皆须两手拱执。

玉圭是古代帝王、诸侯朝聘、祭祀、丧葬时所用的玉制礼器，为瑞信之物，呈长条形，上尖下方，也作"珪"。形制大小，因爵位及用途不同而异。

道家认为玉是"天地之精",是"阳精之纯",吞食玉屑能让人身轻如燕。服食玉屑后,十天服一刀重的雄黄和丹砂,披头散发,冷水沐浴,迎风走路,这样才能达到延年益寿的效果。两汉厚葬之风盛行,"事死如事生"的观念让贵族和平民都期待死后尸身不朽,将生前准备好的玉器下葬。汉代的葬玉主要有玉衣、玉九窍塞、玉琀、玉握和玉面饰等。

昭阳舞人恩正深：舞

在原始社会，舞蹈是先民们抵御阴湿气候、强身健体的一项养生运动。伴着山涧的水流声、山岩间野花的香气，野兽和飞鸟欢快地穿梭、舞动，舞蹈成为一种诗情画意，"昔陶唐氏之始，阴多滞伏而湛积，水道壅塞，不行其原，民气郁阏而滞著，筋骨瑟缩不达，故作为舞以宣导之"。(《吕氏春秋》)

远古葛天氏时，舞者三人一组，手挥牛尾，踏足而歌，围绕生活和劳动的主题，所唱之歌有《载民》《玄鸟》《遂草木》《奋五谷》《敬天常》《达帝功》《依地德》《总万物之极》八阕。舜时的乐官名夔，指挥人们装扮成各种野兽，和磬起舞，称为"百兽率舞"。

夏代有石磬、陶埙、陶铃等乐器，商代有编磬、编铙、鼓、龠和五孔埙等乐器。西周时期，按照舞者人数的多少，形成了一套严密的礼乐制度：天子享用八佾（一佾为8人）之舞，诸侯享六佾之舞，大夫享四佾之舞，士享二佾之舞。

西周武士粗犷的大武乐舞，是宫廷歌舞艺术的最高水平。《诗经》中的风、雅、颂配有乐谱。《大雅》音调沉厚，《小雅》音调轻快，《颂》配有舞蹈，迟缓板滞，一唱三叹。春秋时期，由多种乐器演奏的韶乐登上大雅之堂，孔子听得如痴如醉，竟三月不知肉味。

汉代歌舞之风极盛，宫廷里设有"黄门工倡"，即宫中的乐工、舞人。达官贵族蓄养的歌舞伎，称为"倡"或"歌舞者"。《旧唐书》记载："汉有盘舞，今录《散乐》部中。又有幡舞、扇舞，并亡。"有以衣袖和饰物为道具的长袖舞、巾舞；以执舞具或乐器为道具的盘鼓舞、拂舞、鞞舞、铎舞、建鼓舞等。少数民族的胡舞是包含戏乐、杂技、武术、幻术、滑稽表演的百戏（亦称"角抵"）。汉代以优秀舞技出道的妃姬不在少数，最为出名的要数高祖的戚夫人、武帝的李夫人以及成帝的皇后赵飞燕。

● 干舞

《周礼》载："舞有六种：帗舞、羽舞、皇舞、旄舞、干舞、人舞。""干"是兵器舞，也称武舞。古时的舞蹈，有文武之分，文官执羽毛，武官执盾斧。尧以舞蹈作为感化蛮夷人民的方式，令苗族顺服，阻止了一场无妄之灾。尧举行了声势浩大的舞蹈节目，连续演出了七十天，直到演员们精疲力竭，苗族才被感化。

郑玄注引郑司农云："帗舞者，全羽；羽舞者，析羽；皇舞者，以羽冒覆头上，衣饰翡翠之羽；旄舞者，氂牛之尾；干舞者，兵舞；人舞者，手舞。"

夏朝十年，夏后启在狩猎中，使用羽毛类的舞具和戚（指

"大斧"），因此将此舞命名为"干戚武舞"。此外，殷人信奉神灵，为了寻求神灵的庇佑，通过干戚武舞驱灾避难、祭拜神灵、祈福驱灾。甚至在出征打仗前，为取得诸神的庇佑，兵士也会跳起干戚舞。

干、戚是商朝宗庙祭祀中的重要神器，干戚武舞在宗庙祭祀中发挥着重要作用，随着商朝的灭亡，干戚武舞不再具有祭祀礼仪的色彩，而是成为雅俗共赏的世俗乐舞。

● 巴渝舞

古代的"巴渝"区域流行一种少数民族歌舞，即"巴渝舞"，又称"巴渝戏""宣武舞""摆手舞"，是古代劳动人民为顺利捕获猎物，而提前向神灵祈祷的巫术祈祷仪式。

秦朝末年，阆中巴人领袖率七姓巴人，助汉高祖刘邦"还定三秦"，立下了汗马功劳。刘邦称帝后，将巴渝舞纳入宫廷乐舞，歌颂帝王功德，36名舞者披盔戴甲、手持矛弩，口中唱着巴人古老的战歌，边歌边舞，伴奏乐器以铜鼓为主，配合击磬、"拨浪鼓"。作为振奋士气的巴渝舞一直受到历代汉皇的重视，甚至在汉哀帝罢黜乐府后，还将其列入雅乐体系，并延续至后世的皇宫之中。

● 盘舞

《乐府诗集》记载了七盘舞、杯盘舞和盘舞三种舞蹈。

其中，七盘舞又称"盘鼓舞"，有仿耳杯、盘等舞具，材质多为漆、玉、瓷和金等。演出时，地面上摆放着七个盘子，一位腰肢纤细的女子踏于盘子上，舒展长袖，翩翩起舞。另一男舞者单膝跪地，双手伸开，两人上下呼应。"七盘陈于广庭，畴人俨其齐俟。揄皓袖以振策，竦并足而轩。"（王粲《七释》）舞者纵腾跳跃，腰肢细软，弯折自若，时而卓然优美，时而幻化惊险，"搦纤腰而互折，嬛倾倚兮低昂"。（张衡《舞赋》）

在远古时期，"鼓"是祭祀和狩猎时的器具，也被尊奉为通天的神器，汉代儒道互补，盘鼓舞被赋予了"羽化升仙"的内涵，在舞蹈中，"鼓"象征着太阳，"盘"象征着星辰，盘鼓舞属于俗乐舞，因此它具有鲜明的汉代百戏的特点，跳、转、翻无不蕴含着"顺"的理念，在静中生变、动中趋和的律则。

● 《鱼龙曼延》

春秋战国以来，以丝麻为原料的织绣工艺日益精细，花锦、绮、缟、文绣等飘逸丝滑的服装面料陆续出现。耗时数年建成的"天下第一台"——章华台，上演了一幕幕轻歌曼舞的画面，"……被轻桂，曳华文，罗衣飘摇，组绮缤纷。纵轻躯以迅赴，若孤鹄之失群；振华袂以透迤，若游龙之登云"。（边让《章华台赋》）

为了让视觉更具冲击力，有舞者举着漂亮的道具舞蹈，为喜庆的节日带来满满生机。每年元旦，皇帝在德阳殿观看鱼龙节目。舞女们身披轻软上衣，拖曳华彩长裙，如离群索居的孤雁，又如蜿蜒升云的游龙。

幻术节目诞生于汉代,《鱼龙曼延》之戏,类似于纸糊动物灯笼的彩扎戏,鱼龙是整个杂技的代名词,耍杂技的艺人称为"鱼龙者流",由人装扮成珍异动物进行表演,用彩绸之类扎制成神山仙境和各种动物,表演者藏身于这些模型之中进行表演。

《鱼龙曼延》由《鱼龙》和《曼延》两部分组成。曼延是一只庞大的巨兽,鱼龙则显得灵巧得多,先是一种叫"猞猁"的瑞兽在庭院中跳跃,不断激起浪花,最后化成比目鱼。猞猁欢快地游跳吐水,引得水雾弥漫,天昏地暗,忽又化成一条八尺长的黄龙跃出水面,日光绚烂。水雾遮盖鱼变龙的痕迹,是最早的幻术雏形,"鱼龙者,为舍利之兽,先戏于庭极;毕,乃入殿前激水,化成比目鱼,跳跃漱水,作雾障日;毕,化成黄龙八丈,出水敖戏于庭,炫耀日光"。

猞猁这种瑞兽出自佛教故事,又名为"摩羯"。百姓忽逢水灾,无法逃生,在此危急时刻,摩羯从天而降,人们爬上它的身体从而幸免于难并登上陆地。登岸后众人没有食物,摩羯又主动献出自己的身体供人们食用。摩羯形象为鱼的身尾,头部式样繁多,有鳄鱼头、大象头等,唯一不变的是都有一个长鼻子,最后演化为象头鱼身。

"幻术"即现代的"魔术"。"幻",欺骗、迷惑。《说文解字》释"術"(术)曰:"邑中道也。"邑指普通城镇,暗含有"雕虫小技"之意。幻术在中古时期又被称为"眩术""道术""数术""异术"等。《西京赋》记载,幻术在汉代就已经十分兴盛,"舍利化车""海鳞变龙""吞刀吐火""画地成川"等都是幻术的表演项目。

西域是中国古代幻术的主要传入地，尤其以天竺幻术最为繁盛。

新石器时代，鱼因"多子"被先民崇拜。"鱼"与"余"同音，寄托人们对美好生活的向往。龙的形象是中国远古时期的神话形象，是先民原始信仰的产物，"应龙处南极，杀蚩尤与夸父，不得复上。故下数旱，旱而为应龙之状，乃得大雨"。(《山海经·大荒东经》)《淮南子·地形训》中也有"土龙致雨"的说法，旱灾时有发生，先民们向龙祈雨，祈盼一场及时雨，挽救庄稼。《三秦记》描写了"鲤鱼跃龙门"的故事，黄鲤鱼历经天火烧尾的折磨才成功跃过龙门，"龙门山，在河东界。禹凿山断门，阔一里余。黄河自中流下，两岸不通车马。每岁季春，有黄鲤鱼，自海及渚川，争来赴之。一岁中，登龙门者，不过七十二。初登龙门，即有云雨随之，天火自后烧其尾，乃化为龙矣"。

"鱼龙曼延之戏"的主题就是"鱼"如何一步步变成"龙"，最后成为庞大的瑞兽"曼延"（又作"曼衍""漫延"等，"曼羡""獌狿""蟃蜒""曼延"等都可通用）。成玄英疏："曼衍，犹变化也。"陆德明释文："司马云：'曼衍，无极也。'"《初学记》载："梁元帝《纂要》曰：'古艳曲有北里，靡靡，激楚结风，阳阿之曲。又有百戏，起于秦汉，有鱼龙蔓延。'"其注鱼龙曼衍曰"假作兽以戏"。

● 《巾舞》

《巾舞》是起源于汉代的一种民间舞蹈，是汉代著名杂舞之一。女性舞者手持长巾飞跑，似欲离席而去，男性舞者神情黯然、恋恋难舍。《巾舞》表演者多为女性，她们所持的"巾"，有长短之分，多用绸条制成。表演者在"巾"下面裹一根小木棍，带动绸条挥舞。高髻细腰的舞者，长裙拖地，看不见双足，裙衩开得极高，从腰部就开始分片。帕子般的双巾旋转飞舞，舞者上身略向后仰，头稍偏于一侧，双手抱在胸前，曲线退步。

随着时间的推移，《巾舞》逐渐形成了四种乐舞：拂舞、鼙舞、铎舞、巾舞。拂舞又称白符舞、白凫鸠舞，舞者手持"拂子"起舞，"拂子"又称"拂尘"，是将动物的尾毛捆扎在把柄上制作而成。

● 宴饮中的舞乐

宴饮中常有歌舞助兴，宫廷中还设立专门的乐舞管理机构——乐府。从汉武帝时期开始，乐府的规模越来越庞大，宴会娱乐由70名歌童歌女演唱，另有乐队伴奏，到后来乐府属下已有800余人。皇家如此，豪门贵戚也毫不逊色，欧阳询等人编纂的《艺文类聚》对当时的贵族宴饮场景有详细的描述，"上金殿，著玉樽；延贵客，入金门；入金门，上金堂。东厨具肴膳，椎牛烹猪羊。主人前进酒，琴瑟为清商。投壶对弹棋，博弈并复行"。

贵族和富人的宴会上不仅有歌女舞伎的表演，也有宴会参加者的即兴歌舞，"今召客者，酒酣，歌舞鼓瑟欢竽"。（《吕氏春秋》）宴会高潮时出现的"以舞相属"，程序是：主人先行起舞，舞罢，再"属"（嘱咐）一位来宾起舞，客人舞毕，再以舞"属"另一位来宾，如此循行。所有来宾都要参与舞蹈，舞蹈中必须有身体旋转的动作。

● 军队中的舞乐

军旅之中的鼓吹乐，意为激励将士冲锋陷阵、浴血沙场。张衡的《舞赋》中记载："昔客有观舞于淮南者，美而赋之，曰：'音乐陈兮旨酒施，击灵鼓兮吹参差。叛淫衍兮漫陆离。于是饮者皆醉，日亦既昃。美人兴而将舞，乃修容而改袭。袭罗縠之杂错，申绸缪以自饰。拊者啾其齐列，般鼓焕以骈罗。抗修袖以翳面兮，展清声而长歌。'歌曰：'惊雄逝兮孤雌翔，临归风兮思故乡。'搦纤腰而互折，嫒倾倚兮低昂。增芙蓉之红华兮，光灼烁以发扬。腾嫮目以顾眄，盼烂烂以流光，连翩骆驿，乍续乍绝。裾似飞燕，袖如回雪……于是粉黛施兮玉质粲，珠簪挺兮缁发乱，然后整笄揽发，被纤垂縩。同服骈奏，合体齐声。进退无差，若影追形。"

《舞赋》的大意是：有位宾客去淮南王刘安府上玩耍，刘安布置了一场别开生面的舞蹈，宾客用一篇文章记述了舞姿之妙。乐队已就绪，席间仆人已斟满了美酒，此时鼓手奋力击打六面鼓昭示舞蹈演出开始了。洞箫悠扬奏起，伴之以奔放、绚丽的乐声，饮酒的宾客沉浸于视觉和听觉的盛宴中，如痴如醉。不知不觉时间飞逝，日头偏西。舞女们姗姗来迟，她们浓妆以饰，服饰多样，颜色间杂，纹理华美，面色涣然。乐手谨守秩序，边击打着乐器，边整合好队形，将盘鼓并列摆放在地上。

舞女们用长袖半遮面，一展清亮的歌喉："受惊的雄鸟远去他乡，雌鸟孑然回翔，迎风而立，徒增思乡之情。"舞女折腰舞动，腰身轻软，高低倾斜。舞女们面似芙蓉，容光焕发、神采飞扬。美目左顾右盼，明眸耀如月光。舞姿轻快，婀娜连翩，时断时续，忽而快步，忽而又止。回旋的舞裙如飞燕，衣袖轻盈若雪花，舞步萦回，往复不断。

舞女们身姿灵动，动如雷霆般迅疾，止如闪电般快速。舞步起伏，衣袖翩然，细碎的小步，时而走走停停，时而倏然静止。摇曳拂动，脂粉脱落，肌肤洁白如玉，镶珠发簪倾斜，长发乌黑凌乱。她们重整发髻，梳理乌发，缠好挂饰后，恢复故常，继续与同伴跳舞、奏乐，齐声歌唱。舞步进退整齐、毫无差错，靡曼的乐声，好似孤独的鸿鸟在姑邪山上鸣唱。

《九德》《九韶》之类的宫中雅乐，既如和煦的南风般感化万物，又如及时雨般润泽草木。美善的音乐与舞姿潜移默化地带来民情与风俗，寓教化于一体。祭祀神灵时展现出曼妙舞姿，神灵则会心领意会感其诚而下凡；倘在王者宴席上演奏，宾主则皆大欢喜。

盛大宴席上，各式美味佳肴错落呈于几案。宾客们一边品尝着美味佳肴，一边饱览视觉盛宴。裙裾混杂，发髻散开，秋波暗送，情意相许；这些人以流水洗身，以杜若香体，身上如披一层薄雾，脸抹兰膏，穿着便服前来侍奉。

汉高祖刘邦在平息了淮南王英布的叛乱之后，路过故乡沛县时，在沛宫举行了盛大的宴席，趁着酒兴击筑高歌，庆祝凯旋，离席奋袖起舞，大袖回旋，威风横扫。想到这一路的摸爬滚打，他不禁悦慨伤怀，潸然泪下。

●《西京赋》

汉代后宫活跃着一大批专职的女伎乐员,她们专为帝王及官宦、贵族们表演,文人们也大费笔墨,用文字呈现了当时舞宴的盛大场面。张衡的《七辩》和《西京赋》、司马相如的《子虚赋》、边让的《章华台赋》等,让数千年后的我们有机会一睹当时的舞蹈状貌。

《西京赋》载:"秘舞更奏,妙材骋伎。妖蛊艳夫夏姬,美声畅于虞氏。……纷纵体而迅赴,若惊鹤之群罢。振朱屣于盘樽,奋长袖之飒丽。要绍修态,丽服地菁。"妖娆的夏姬是郑穆公的女儿,陈大夫御叔妻。鲁人虞公,歌声响彻,唱歌时惊动房梁上的灰尘。陈女夏姬者,大夫夏征舒之母也,具备使容颜不老的技艺方术,三次为王后,七次为夫人。高官贵族们都被她迷得神魂颠倒,夏姬本身自带风流余韵,与多位官员私通。

再谈歌舞与仙鹤的关联,商朝的起源是"天命玄鸟,降而生商"(《诗经》),"玄鸟"指玄鹤。古人认为,鹤虽是白色,寿过千年则变苍,又两千岁则变黑,所以称为玄鹤。《诗经·小雅·鹤鸣》中有"鹤鸣于九皋,声闻于野""鹤鸣于九皋,声闻于天"之说,鹤鸣之声震动荒野,云霄高耸,境界高迈、清越。后来"鹤鸣九皋"成了传统的吉祥图案。

凤凰是皇后的象征,仙鹤则是官居一品的象征。明代一品官员的补服上,就绘有一只翱翔鸣叫的仙鹤。为官者,能以鹤为装饰,则表示可以奏对天子,位极人臣。

鹤舞之所以惊人在于它历经长期训练,"七年学舞,又七年舞应节"。(《相鹤经》)鹤求偶时翩然起舞,嬉戏时起舞,连驱赶入侵者时都是舞动的姿态,时而跳跃、时而展翅、时而昂首、时而翘尾,美不胜收。陈子昂的"独舞纷如雪,孤飞暖似云",刘禹锡的"双舞庭中花落处,数声池上月明时",鲍照的"叠霜毛而弄影,振玉羽而临霞"都是写鹤的翩翩舞姿。鹤的仪表脱俗,加之动人的舞姿,有"鹤翔""鹤舞"之说。

● 升级版的楚舞

东汉时董卓逼弑少帝,少帝在临死前悲愤至极,即兴而歌,令唐姬即兴起舞。唐姬抗袖而舞,边舞边歌,用舞姿抒发着心中的哀痛之情。汉高祖晚年多病,戚夫人想立自己的儿子刘如意为帝,吕后联合张良出谋划策,戚夫人计划落空,前途堪忧。病榻上的刘邦无力回天,遂唱楚歌,戚夫人在悲痛中跳起"楚舞"。汉高祖驾崩后,吕后剃去戚夫人的头发,让她穿上囚衣、戴上铁枷,将其关入永巷春米,还把她的儿子刘如意毒死。之后,戚夫人又被吕后斩断手脚、挖去双眼、熏聋双耳,被迫喝下哑药,丢入窟室。

汉景帝时期,诸王进京朝贺,景帝诏命诸王以歌舞祝福皇帝,长沙王刘发故意缩手缩脚地跳舞,借以表达"臣国小地狭不足回旋"之意,汉景帝了解后加封了一些地盘给刘发。

从事表演长袖舞的女性被称为"女乐",表演的乐舞大多属于俗乐和宴乐,上承春秋战国的"楚舞",下启隋唐、明清之"袖舞""水袖"。

西汉初期，崇尚楚声、楚舞，诗词中有很多关于舞姿的描写，"修袖缭绕而满庭，罗袜蹑蹀而容与""其始兴也，若俯若仰，若来若往""小腰秀颈……长袂拂面……丰肉微骨，体便娟只"。（《大招》）"小腰"描绘出了舞女纤细的腰肢，"长袂拂面"再现了舞者的灵动与娇羞，"体便娟只"展现出了舞女的舞态轻盈。"长袂"指长长的袖子，演绎时呈"S"形，体现了舞者腰部的柔韧性与灵活性。"长袖善舞，多钱善贾"（《韩非子五蠹篇》）、"蜿蛇姌弱，运转飘忽"（傅毅《舞赋》）等诗词都显示出了楚舞飘逸的特点。楚国毗邻长江，丛林山川较多，自带神秘感，楚声和楚舞更是透溢出楚地的浪漫气息。

甩开长袖，水波粼粼，"体如游龙，袖如素蜺"。先秦的楚舞，舞者多为女性，宛如空中一道弧状的白虹，不乏阴柔之美。到了汉代，加入了男舞者，增加了"游龙"的苍劲之力，合二为一，刚柔并济。

● 楚舞中的巫文化

楚国舞蹈最负盛名的是巫舞。巫文化分两派：一派源于为国家祈福、消灾、娱乐和歌舞的宫廷巫文化；另一派植根于降神、祈雨和惩罚的民间文化。巫文化的主要作用是使神人互通、祈福、祈雨和娱神。楚舞的领袖是负责通神祈福的巫师。巫师鸟首鹊尾，身着宽袖大袍，双臂向两侧平伸，手如兽爪，双手各执一灵蛇，低头仰袖，舞姿奇幻。

"在男曰觋，在女曰巫。"（《国语·楚语》）楚国的巫风颇为盛行，巫舞随之流行。"昔楚国南郢之邑，沅湘之间，其俗信鬼而好祠，其祠必作歌乐鼓舞以乐诸神。"（王逸《楚辞章句》）"巫"，楚人称之为"灵"，"灵偃蹇兮姣服，芳菲菲兮满堂"（《九歌·东皇太一》）、"灵连蜷兮既留，烂昭昭兮未央"。（《九歌·云中君》）

楚文化的代表性人物当属《楚辞》的作者屈原，他以毕生精力追寻楚国的飘逸、浪漫之风，在诗人天马行空的想象下，山川河流、风雨雷电和神鬼龙凤无不透露出光怪陆离的神秘感，《九歌》里刻画了各色人物：天神、人鬼、河神、湘夫人、湘君、云中君、东君、大司命、少司命等，浸染了浓郁的"巫文化"。人们以各种方式表达着自己对时代的印象和对生命的态度，在诗词歌舞中，人们更为自由、洒脱，观者可以更加立体地感受到舞者的悲欢喜乐，以服饰、身姿为媒介，淋漓尽致地展现出人们的神思和遭际。

商代巫风、巫舞盛行，以舞蹈沟通神、人关系，"巫，祝也。女能事无形，以舞降神者也，象人而两袤舞形，与工同意，古者巫咸初作巫，凡巫之属皆从巫"。（《说文解字》）"巫觋"是古代的神巫，女曰"巫"，男曰"觋"，女巫的地位更高。

● **翘袖折腰，只此青绿**

"腰"和"袖"是楚舞的主要元素，"腰"是舞蹈的枢纽，"楚灵王爱细腰而国中多饿人"。（《韩非子·二柄》）君王的审美无疑为大众的审美指明了方向，无论是官员还是百姓恐怕都喜欢瘦削的女子，为此，女子们想尽办法轻减身型。战国时期出土的彩绘人物漆器上，也绘制了11名长袖细腰的美女。

西汉初期，乐舞繁荣一时，汉高祖刘邦的宠妃戚夫人就是当时的歌舞名家，"善为翘袖折腰之舞。"（《西京杂记》）"翘袖折腰"是由"翘袖"与"折腰"共同完成的舞姿动作。"翘袖折腰"是弯折腰部至90度，两臂平行随腰部折动出袖，"若俯若仰，若来若往……若翱若行，若竦若倾……纤形赴远，灌似摧折"。（东汉博毅《舞赋》）舞姿瑰奇出神入化，让人目不暇接。

袖舞在汉代迎来了高峰期，戚夫人"善为翘袖折腰之舞"，长袖的形状分为细长的舞袖和喇叭形状的宽大长袖两种，"袖舞"的发展有两个方向：一种是长袖纵延，在袖口端接一长飘带；另一种是袖稍短，后演化成"水袖"。

水袖又称"水衣"，源于古代戏曲，舞动时袖子像水波荡漾，又称为"水袖"。水袖的长度一般在1.8米左右，肩、手指、手腕和肘关节要灵活配合，才能一气呵成地完成勾、甩、弹、抖等动作，令角色的情感更加立体、丰富。水袖流畅的动作需要调动身体、思维，舞者肢体的灵动与水袖融为一体，舞姿才能如行云流水一般收放自如。

两条长长的袖子，普通却不简单，光是玩法就有百余种，最常见的有甩袖、抖袖、出收袖、扬袖、冲袖、搭袖、绕袖、片花、推袖、抓袖等形式。

● 妙丽善舞——李夫人

汉武帝时期,"乐府"正式成立,这是专门进行研究、搜集、创作和表演的综合性艺术机构,李延年为此机构的协律都尉(官职名)。乐府集中大量的人力和物力,李延年、司马相如为带头人,聚集了音乐家、词作家近千人的创作班子。李延年擅长歌舞,更擅长作曲,颇得武帝喜爱。不仅如此,李延年全力捧红了自己的妹妹,也就是后来的汉武帝皇后李夫人。她精通歌舞,被汉武帝下诏演出,初次见面就趁着登台演出的机会起舞歌唱"北方有佳人,绝世而独立,一顾倾人城,再顾倾人国。宁不知倾城又倾国,佳人难再得"。汉武帝闻之,世上居然还有如此倾国倾城的佳丽,情绪立马被调动起来了,便问"佳人"是谁?一起观看演出的平阳公主说延年"女弟"(妹妹)就是佳人,"上乃召之,实妙丽善舞,由是得幸"。

中山之地在汉代与胡风交界处,"多美物,为倡优"(《史记·货殖列传》),中山李氏是羯胡族裔,肤白、高鼻、深目,李夫人早逝之后,刘彻对她难以忘怀,多次创作诗词追忆她,且想尽办法跟早已天人永隔的爱人见上一面。

刘彻所写的《李夫人赋》是首哀悼词,也是后世悼亡诗的始祖,他感慨于李夫人的花容月貌过早凋零,尽管后宫佳丽如云,但这些胭脂俗粉无法与之媲美。

李夫人的舞艺非凡,以至于刘彻在作诗时,开门见山用"罗袂"这种华丽的衣袖作为开场。"罗袂兮无声,玉墀兮尘生。虚房冷而寂寞，落叶依于重扃。望彼美之女兮，安得感余心之未宁？"（《落叶哀蝉曲》）"玉墀"是指宫殿前的石阶，亦借指朝廷，李夫人故去后宫廷前再也听不到舞袖来回摇曳的声音，没人在殿内演习舞艺，宫殿的台阶上都落了灰尘。西汉时期，女子跳舞时大多穿及地曲裾深衣，不利于下肢伸展，舞者脚底动作经常是细碎的小步移动，地砖会被磨拭。

"修袖缭绕而满庭，罗袜蹑蹀而容与。"（《南都赋》）"蹑蹀"指轻缓移动的舞貌，小步轻盈快速移动貌，后升华为"折腰步"。《后汉书五行志一》记："折腰步者，足不在体下。……京都歙然，诸夏效之。""折腰步"又称为折步，步姿妩媚妖冶，以腰作轴，上肢与下肢呈反向平衡，边行走边起袖舞。舞人上肢作袖舞于右侧，下肢却仍蹈足于左侧，左右互替，妖娆妩媚。

● 轻盈飘逸——赵飞燕

汉成帝的皇后赵飞燕，是汉代有名的舞者，相传其生父是个音乐家，赵飞燕家败沦为官婢，后在阳阿公主府学习歌舞，成为女乐舞人（家伎）。由于她天赋极高，而且舞蹈基本功扎实，凭借"善行气术"，舞蹈轻盈飘逸。高超的舞蹈技艺，配以合体轻柔的服饰，使天生娇美的身姿和容貌更为出众，如燕飞凤舞般的飘仙之美，令人如痴如醉。后以"飞燕"艺名传于后世，"赵后腰骨尤纤细，善踽步行，若人手执花枝颤颤然，他人莫可学也"。（《赵飞燕别传》）赵飞燕体态轻盈如燕，为此汉成帝还特意为她建造了一个水晶盘，让两位宫女双手托盘，赵飞燕便在盘中起舞，就像仙女在空中飞舞一般。

赵飞燕尤其擅长"踽步",脚后跟贴地运行到脚尖,上身可以做多种动作,徐徐向前。"踽步"大有来历,《诗经·唐风·杕杜》曰:"独行踽踽,岂无他人?""踽踽,无所亲也。"朱熹《诗集传》曰:"踽踽,无所亲之貌。""无所亲"就是疏行,即迈步不密集,或迈步稀疏、行走缓慢。赵飞燕所擅之踽步行,若人手持花枝、颤颤然。

赵飞燕能做掌上舞,且体态小巧、善于行气,使舞姿更轻盈。"赵家飞燕侍昭阳,掌中舞罢箫声绝"(《汉宫曲》),出色的舞蹈技艺加之迷人的容貌,让汉成帝为之倾倒。当时汉宫中有一清水池,称作太液池,中间还有一个称作瀛洲的小岛,汉成帝便命人在岛中建筑了一个40余尺的台子。乐队奏乐,身穿薄纱的赵飞燕在台上翩翩轻舞,突然一阵大风袭来,飞燕欲飞,汉成帝忙命人将赵飞燕的薄纱拽住,为了安全起见,汉成帝还专门建造了"七宝避风台"。

● 命薄如纸——王翁须

汉宣帝的生母王翁须,早年家贫,八九岁时寄居在广望节侯的儿子刘仲卿家中学习歌舞。

在刘家待了四五年后,王翁须出落成了美女,并被为朝廷选秀的营生(官职名)贾长儿看中,刘仲卿知道后慨然相赠。

王翁须不愿背井离乡,捎信让母亲带她逃到外祖母家躲起来,但刘仲卿找到王翁须的父亲,命其交出王翁须。王翁须的母亲质问对方为何平白无故地要把女儿带走，对方巧舌如簧辩解。王翁须被带回了刘家，没过几天贾长儿就带她踏往京城。王翁须的父母追了一路，奈何没钱为女儿赎身，只能看着她一点点离开自己的视线。

后来，漂泊邯郸的王翁须在一次选秀中以出色的舞姿和相貌胜出，选秀之人正是当今的太子，也是之后的汉宣帝刘询。王翁须的人生从此发生了翻天覆地的变化，她来到京城长安，走入太子府，开启了别样的人生。